Bibliothek der Mediengestaltung

Konzeption, Gestaltung, Technik und Produktion von Digital- und Printmedien sind die zentralen Themen der Bibliothek der Mediengestaltung, einer Weiterentwicklung des Standardwerks Kompendium der Mediengestaltung, das in seiner 6. Auflage auf mehr als 2.700 Seiten angewachsen ist. Um den Stoff, der die Rahmenpläne und Studienordnungen sowie die Prüfungsanforderungen der Ausbildungs- und Studiengänge berücksichtigt, in handlichem Format vorzulegen, haben die Autoren die Themen der Mediengestaltung in Anlehnung an das Kompendium der Mediengestaltung neu aufgeteilt und thematisch gezielt aufbereitet. Die kompakten Bände der Reihe ermöglichen damit den schnellen Zugriff auf die Teilgebiete der Mediengestaltung.

Weitere Bände in der Reihe: http://www.springer.com/series/15546

Peter Bühler
Patrick Schlaich
Dominik Sinner

Zeichen und Grafik

Logo – Infografik – 2D-/3D-Grafik

Springer Vieweg

Peter Bühler
Affalterbach, Deutschland

Patrick Schlaich
Kippenheim, Deutschland

Dominik Sinner
Konstanz-Dettingen, Deutschland

ISSN 2520-1050 ISSN 2520-1069 (electronic)
Bibliothek der Mediengestaltung
ISBN 978-3-662-53849-4 ISBN 978-3-662-53850-0 (eBook)
DOI 10.1007/978-3-662-53850-0

Die Deutsche Nationalbibliothek verzeichnet diese Publikation in der Deutschen Nationalbibliografie; detaillierte bibliografische Daten sind im Internet über http://dnb.d-nb.de abrufbar.

Springer Vieweg

Gedruckt auf säurefreiem und chlorfrei gebleichtem Papier

Springer Vieweg ist Teil von Springer Nature
Die eingetragene Gesellschaft ist Springer-Verlag GmbH Deutschland
Die Anschrift der Gesellschaft ist: Heidelberger Platz 3, 14197 Berlin, Germany

Vorwort

The Next Level – aus dem Kompendium der Mediengestaltung wird die Bibliothek der Mediengestaltung.

Im Jahr 2000 ist das „Kompendium der Mediengestaltung" in der ersten Auflage erschienen. Im Laufe der Jahre stieg die Seitenzahl von anfänglich 900 auf 2700 Seiten an, so dass aus dem zunächst einbändigen Werk in der 6. Auflage vier Bände wurden. Diese Aufteilung wurde von Ihnen, liebe Leserinnen und Leser, sehr begrüßt, denn schmale Bände bieten eine Reihe von Vorteilen. Sie sind erstens leicht und kompakt und können damit viel besser in der Schule oder Hochschule eingesetzt werden. Zweitens wird durch die Aufteilung auf mehrere Bände die Aktualisierung eines Themas wesentlich einfacher, weil nicht immer das Gesamtwerk überarbeitet werden muss. Auf Veränderungen in der Medienbranche können wir somit schneller und flexibler reagieren. Und drittens lassen sich die schmalen Bände günstiger produzieren, so dass alle, die das Gesamtwerk nicht benötigen, auch einzelne Themenbände erwerben können. Deshalb haben wir das Kompendium modularisiert und in eine Bibliothek der Mediengestaltung mit 26 Bänden aufgeteilt. So entstehen schlanke Bände, die direkt im Unterricht eingesetzt oder zum Selbststudium genutzt werden können.

Bei der Auswahl und Aufteilung der Themen haben wir uns – wie beim Kompendium auch – an den Rahmenplänen, Studienordnungen und Prüfungsanforderungen der Ausbildungs- und Studiengänge der Mediengestaltung orientiert. Eine Übersicht über die 26 Bände der Bibliothek der Mediengestaltung finden Sie auf der rechten Seite. Wie Sie sehen, ist jedem Band eine Leitfarbe zugeordnet, so dass Sie bereits am Umschlag erkennen, welchen Band Sie in der Hand halten. Die Bibliothek der Mediengestaltung richtet sich an alle, die eine Ausbildung oder ein Studium im Bereich der Digital- und Printmedien absolvieren oder die bereits in dieser Branche tätig sind und sich fortbilden möchten. Weiterhin richtet sich die Bibliothek der Mediengestaltung auch an alle, die sich in ihrer Freizeit mit der professionellen Gestaltung und Produktion digitaler oder gedruckter Medien beschäftigen. Zur Vertiefung oder Prüfungsvorbereitung enthält jeder Band zahlreiche Übungsaufgaben mit ausführlichen Lösungen. Zur gezielten Suche finden Sie im Anhang ein Stichwortverzeichnis.

Ein herzliches Dankeschön geht an Herrn Engesser und sein Team des Verlags Springer Vieweg für die Unterstützung und Begleitung dieses großen Projekts. Wir bedanken uns bei unserem Kollegen Joachim Böhringer, der nun im wohlverdienten Ruhestand ist, für die vielen Jahre der tollen Zusammenarbeit. Ein großes Dankeschön gebührt aber auch Ihnen, unseren Leserinnen und Lesern, die uns in den vergangenen fünfzehn Jahren immer wieder auf Fehler hingewiesen und Tipps zur weiteren Verbesserung des Kompendiums gegeben haben.

Wir sind uns sicher, dass die Bibliothek der Mediengestaltung eine zeitgemäße Fortsetzung des Kompendiums darstellt. Ihnen, unseren Leserinnen und Lesern, wünschen wir ein gutes Gelingen Ihrer Ausbildung, Ihrer Weiterbildung oder Ihres Studiums der Mediengestaltung und nicht zuletzt viel Spaß bei der Lektüre.

Heidelberg, im Frühjahr 2017
Peter Bühler
Patrick Schlaich
Dominik Sinner

Vorwort

Bibliothek der Mediengestaltung

Titel und Erscheinungsjahr

Inhaltsverzeichnis

4 Logo und Signet 26

5 Infografik 44

1.1 Kommunikation über Zeichen

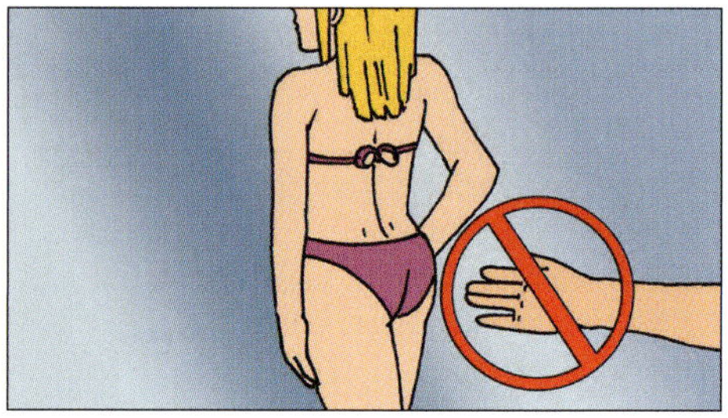

Zeichen kommen in der Kommunikation meist dann zum Einsatz, wenn Text aus irgendeinem Grund nicht möglich ist. Schwierig wird es, wenn Zeichen keine eindeutige Bedeutung besitzen.

Der „Daumen nach oben“ hat bereits in Deutschland – je nach Kontext – verschiedene Bedeutungen:

- Bei Bestellungen: „Eins“
- Bei Meinungsäußerungen: „Gut“
- Beim Tauchen: „Auftauchen“

In einigen arabischen Ländern hat diese Geste jedoch eine Bedeutung, die in Deutschland dem erhobenen Mittelfinger entspricht.

Erweitert man die Geste um einen Finger (Daumen und Zeigefinger), bedeutet dies in Deutschland üblicherweise „zwei“, in China jedoch „acht“.

Die Beispiele zeigen, dass bei der Kommunikation mit Zeichen, je nach Kontext, aber auch in anderen Ländern und Kulturen Probleme entstehen können. Es kommt also darauf an, bei der Gestaltung von grafischen Zeichen solche Probleme zu vermeiden.

Von den Problemen abgesehen, bieten Zeichen die Möglichkeit, ohne Worte zu kommunizieren, was einerseits viel Zeit und Platz spart, aber auch Sprachbarrieren überwinden kann, wie im rechts oben abgebildeten Beispiel der Stadtwerke München. Die Abbildung visualisiert den Text „Keine verbale und körperliche sexuelle Belästigung gegenüber Frauen in jeglicher Bekleidung!“.

Bei der Betrachtung der Abbildung unten wird klar, wie wichtig grafische Zeichen in unserem Alltag sind. Egal ob im Straßenverkehr oder bei der Benutzung einer Software, grafische Zeichen sind aus der Informationsflut unseres Alltags nicht mehr wegzudenken.

Da viele Informationen sich nicht unmissverständlich bildhaft darstellen lassen, haben wir es zwangsläufig auch mit zahlreichen grafischen Symbolen zu tun, deren Bedeutung wir erst erlernen müssen, um uns in der modernen Welt zurechtzufinden.

Wüssten wir die Bedeutung des unten links dargestellten Verkehrsschildes nicht aus der Fahrschule, könnte es auch bedeuten: „Eine breite Straße kreuzt sich mit einer schmalen Straße“. Vielleicht informiert uns das Schild aber auch über einen Raketenstart, der in einer roten Pyramide stattfindet. Das erfundene Verkehrsschild rechts daneben zeigt die Alternativlosigkeit grafischer Zeichen, begründet in der Wahrnehmungsdauer und dem Platzbedarf.

1.2 Zeichenkategorien

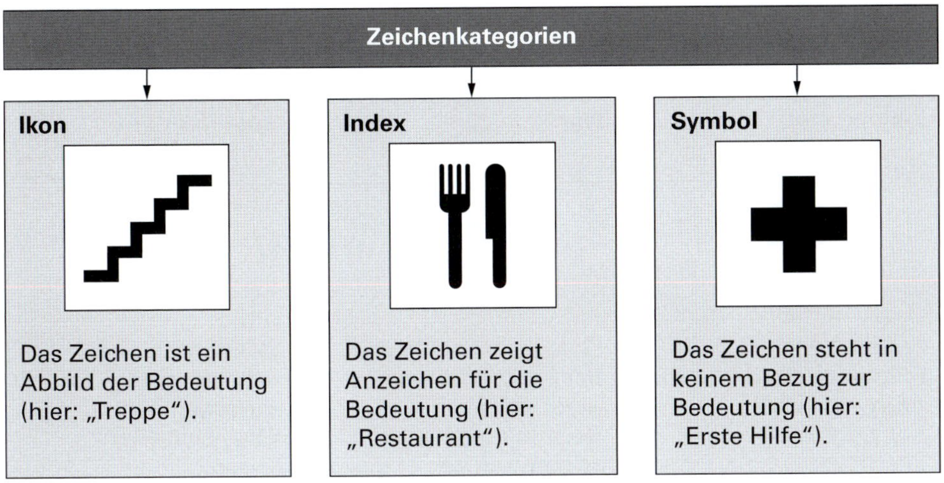

Befasst man sich mit der Gestaltung von Zeichen, hat man es mit drei Kategorien zu tun, dem *Ikon*, dem *Index* und dem *Symbol*.

Ikon
Ikone (griechisch: Abbilder) sind Zeichen, die die Bedeutung des Zeichens abbilden. Sehen wir, wie beim oberen Beispiel die Treppe, dann erinnert sie uns an eine Treppe, die wir schon einmal „real" gesehen haben.

Index
Ein Index (lateinisch: Anzeiger) ist ein Zeichen, das einen Bezug zur Bedeutung hat. Die Indizes Messer und Gabel, wie im oberen Beispiel, erinnern uns an Essen, da wir gewöhnlich mit Besteck essen. Wo es also Besteck gibt, ist es naheliegend, dass es auch etwas zu Essen gibt. Das Zeichen wird dadurch als „Restaurant" identifiziert.

Symbol
Symbolen (griechisch: Sinnbilder) fehlt der direkte Bezug zwischen Zeichen und Bedeutung. Die Bedeutung von Symbolen muss erlernt werden.

Beispiel „Speichern"
Ein sehr bekanntes grafisches Zeichen, das seit den ersten grafischen Benutzeroberflächen eingesetzt wird, ist die 3,5-Zoll-Diskette als Zeichen für „Speichern". Als die Diskette noch das Medium war, auf das tatsächlich gespeichert wurde, war dieses Zeichen für alle verständlich und daher als Ikon einzuordnen, es war ein Abbild der Bedeutung. Für diejenigen unter uns, die sich noch an 3,5-Zoll-Disketten erinnern, ist dieses Zeichen heute ein Index, es erinnert uns ans „Speichern". Für die jungen Menschen, die Disketten nicht mehr kennen, ist es ein Symbol, es gibt für sie keinen Bezug zwischen dem Dargestellten und der Bedeutung.

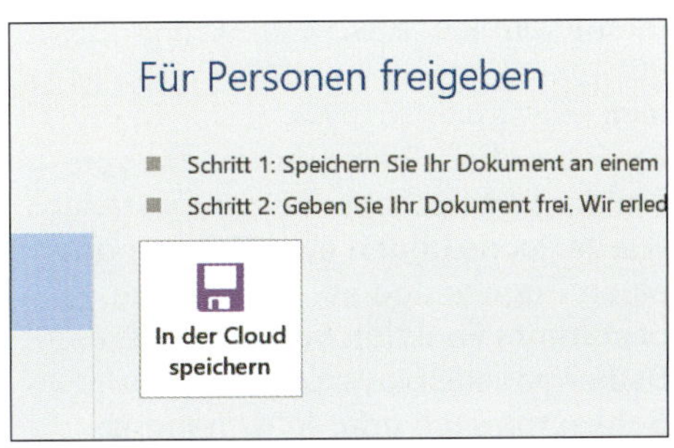

Microsoft Office 2016
Icon für „In der Cloud speichern"

1.3 Zeichenarten

Zeichenarten

Piktogramm

Auf das Wesentliche reduziertes Zeichen zur nonverbalen Kommunikation von Informationen

Icon

Piktogramm in einer Benutzeroberfläche, meist keine eindeutige Bedeutung, muss erlernt werden

Logo/Signet

Zeichen zur Unterscheidung von Unternehmen oder Organisationen

Grafische Zeichen können nach ihrer Verwendung in drei Bereiche eingeteilt werden: Piktogramm, Icon und Logo/Signet.

Piktogramm
Piktogramme sind einfache, auf das Wesentliche reduzierte Zeichen. Sie müssen leicht erkennbar, einprägsam und ohne Erklärung verständlich sein. Verwendet werden Piktogramme bei Informations- und Leitsystemen an Bahnhöfen, Flughäfen, Sportanlagen. Verkehrszeichen sind ebenso Piktogramme wie Sicherheitszeichen in Betrieben oder Baustellen. Piktogramme können emotionale Bildelemente enthalten, da diese den Betrachter schneller und direkter ansprechen.

Icon
Ein Icon ist ein Piktogramm, das speziell für Benutzeroberflächen gestaltet wurde. Icons bilden eine Tätigkeit oder einen Gegenstand ab, der für eine bestimmte Funktion bei Computern, Bedienungsdisplays z. B. in Autos, Bankautomaten oder Informationssystemen steht. Welche Funktion und Bedeutung sich genau hinter einem Icon verbirgt, muss vom Anwender in der Regel erst erlernt werden. Achtung Verwechslungsgefahr: Mit „Icon" ['ai̯kən] werden grafische Zeichen in Benutzeroberflächen bezeichnet, bei der Bezeichnung „Ikon" [iko̲n] geht es um Zeichen, die die Bedeutung des Zeichens abbilden.

Logo/Signet
Die Begriffe *Logo* (griechisch: Sinn) und *Signet* (lateinisch: Zeichen) haben unterschiedliche Bedeutungen, werden jedoch beide für Zeichen verwendet, die genutzt werden, um Unternehmen oder Organisationen unterscheidbar zu machen. Dies können Bild-, Wort-, Einzelbuchstaben-, Zahlen- und kombinierte Zeichen sein.

Logo und Signet visualisieren und transportieren die Idee, die Kultur und die Produktidee eines Unternehmens. Es ist oftmals die erste „Visitenkarte" einer Unternehmung und muss daher Image und Anspruch des Unternehmens weitergeben.

1.4 Aufgaben

1 Vor- und Nachteile der Kommunikation über Zeichen nennen

Nennen Sie Vor- und Nachteile der Kommunikation über Zeichen.

Vorteile: ....

....

....

Nachteile: ....

....

....

2 Zeichenkategorien erklären

Erklären Sie die Zeichenkategorien Ikon, Index und Symbol.

Ikon: ....

....

Index: ....

....

Symbol: ....

....

3 Piktogramm erklären

Erklären Sie, worum es sich bei einem Piktogramm handelt.

....

....

....

4 Zeichen zuordnen

Ordnen Sie die folgenden Zeichen einer der Zeichenkategorien Ikon, Index oder Symbol zu.

a. 

☐ Ikon
☐ Index
☐ Symbol

b. 

☐ Ikon
☐ Index
☐ Symbol

c. 

☐ Ikon
☐ Index
☐ Symbol

d. 

☐ Ikon
☐ Index
☐ Symbol

5 Icon erklären

Erklären Sie, worum es sich bei einem Icon handelt.

....

....

....

2.1 Grundlagen der Piktografie

Piktogramme im Alltag zielen auf präzise und eindeutige Anweisungen. Ob Ampelmännchen, Richtungspfeil oder durchgestrichene Zigarette – Piktogramme umgeben den Menschen in allen Lebensbereichen, überall auf der Welt. Der Begriff „Piktogramm" setzt sich aus „pictum" (lateinisch: gemalt) und „gráphein" (griechisch: schreiben) zusammen und wird allgemein als Bildzeichen definiert, das über Sprach- und Kulturgrenzen hinweg global verständlich ist.

2.1.1 Anfänge der Piktografie

„Wir wollen nicht länger Analphabeten sein", so Werner Graeff (Grafiker, 1901–1978). „In Holland, in Finnland, in der Tschechoslowakei, in Russland, Ungarn, Japan und Argentinien stehen wir wie hilflose Kinder auf den Bahnhöfen. Wir sehen eine Vielzahl von wegweisenden und erklärenden Schildern – aber lesen können wir sie nicht. [...] Wir brauchen eine internationale Verkehrszeichensprache. Für die wichtigsten Verkehrsbedürfnisse müssen eindeutige, klare Zeichen gefunden werden, die in allen Ländern gleiche Anwendung finden", so Graeff. Werner Graeff war Student am Weimarer Bauhaus und jüngstes Mitglied der De-Stijl-Bewegung um Theo van Doesburg.

Es geht darum, den Sinn eines Zeichens aus optischen Elementen zu finden, und zwar aus den eigentlichen Form- und Farbelementen. Die Elemente sind: Quadrat, Kreis und Dreieck. Diese sind untereinander nicht zu verwechseln, sie lassen in ihren Grundformen die Farben am intensivsten hervortreten. Bei den Farben sind nur Rot, Gelb und Blau, des Weiteren die neutralen Töne Schwarz, Grau und Weiß absolut eindeutig und unverwechselbar. Alle Mischtöne sind für eine Verkehrszeichensprache nicht zulässig. Aus den Farb- und Formelementen ist ein Verkehrszeichen eindeutig und exakt aufzubauen, und zwar so, dass die Elemente funktionsgemäß ihre Anwendung finden.

2.1.2 Entwicklung zur internationalen Bildersprache

Neben der Entwicklung von international verständlichen Verkehrszeichen als eine Art des Piktogramms wurde mit Beginn der zwanziger Jahre im letzten Jahrhundert von Otto Neurath die „Wiener Methode der Bildstatistik" entwickelt, die komplizierte und unübersichtliche Sachverhalte mittels lesbarer Zeichen in anschauliche Diagramme umsetzte. Otto Neurath, österreichischer Sozialphilosoph und Ökonom, hatte das Ziel, Informationen für breite Bevölkerungsschichten zugänglich und verständlich zu machen. Ab 1926 arbeitete Neurath mit dem Grafiker

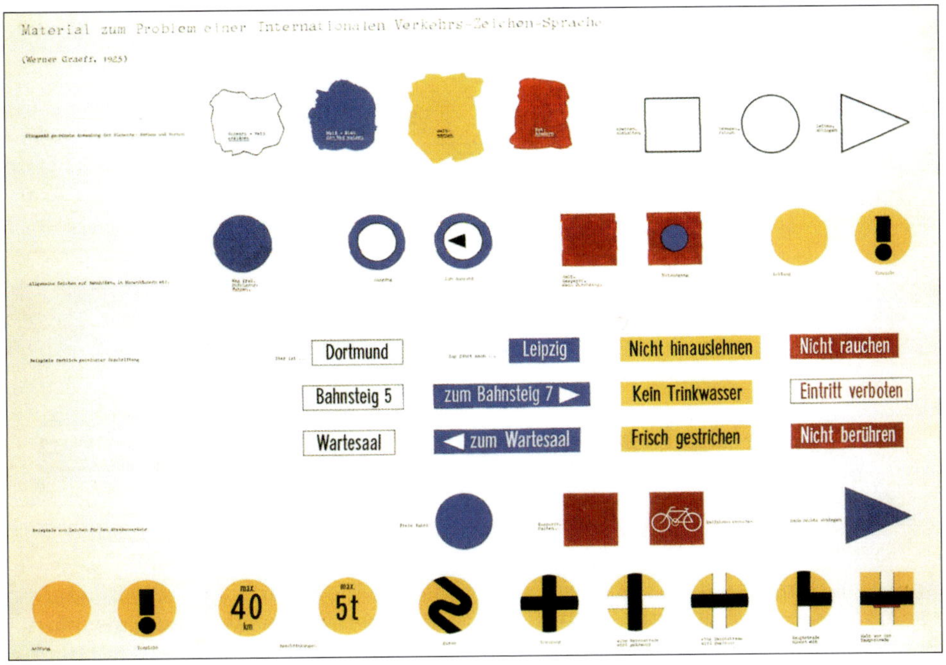

Piktografie-entwicklung 1923

Entwurf einer internationalen Verkehrszeichensprache von Werner Graeff

Gerd Arntz zusammen, der mit seinem reduzierten Bildstil den Diagrammen Neuraths ein klares, formales Erscheinungsbild gab.

Durch das Dritte Reich wurden derartige Entwicklungen in Deutschland und Österreich abrupt unterbrochen. Erst weit nach den Wirren des Zweiten Weltkriegs wurden diese Ideen in Deutschland wieder aufgegriffen.

Im Londoner Exil entwickelte Arntz eine Systematik der informativen Bildersprache als „System Isotype". Er erweiterte die bestehende Bildsprache ständig mit neuen Bildsymbolen und stellte sein Material 1934 nach Themen geordnet in einer Symbol-Enzyklopädie zusammen. Beispiele hiervon sind rechts abgebildet.

1936 schrieb Neurath in seinem Buch „International Picture Language": „Wir haben eine internationale Bildsprache hergestellt, in die man Aussagen aus

Frühe Piktogramme

Piktogramme, vom Grafiker Gerd Arntz, entstanden zwischen 1928 und 1965.

Bildstatistik

Mengenvisualisierung über den „Kraftwagenbestand der Erde" von Gerd Arntz

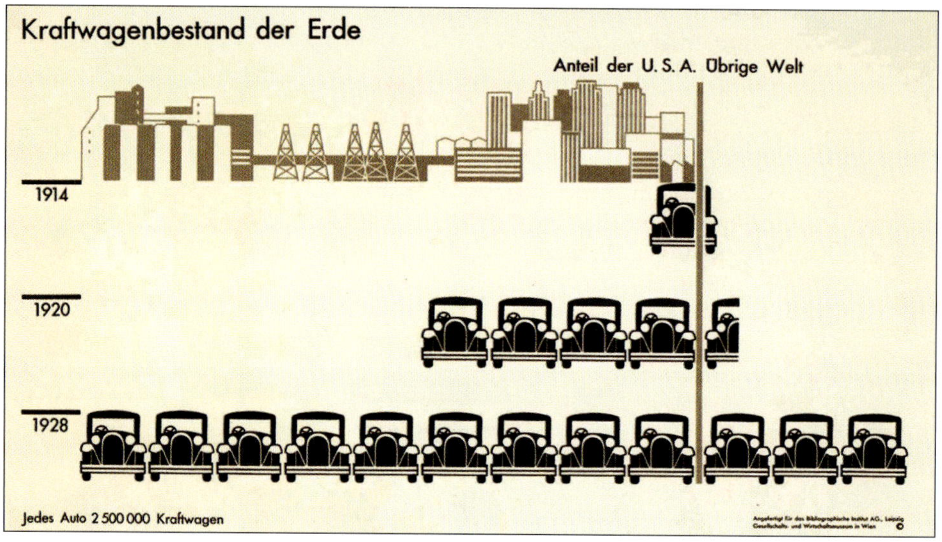

normalen Sprachen der Erde umsetzen kann." Diese weltweit vielfach übernommene Sprache fand ihre Anwendung in vielen Ausstellungen. Die Idee, auch in pädagogischen Werken und Lehrbüchern diese Bildsprache einzusetzen, wurde durch Neurath und Arntz umgesetzt. Bekanntestes Werk ist das „Bildstatistische Elementarwerk – Gesellschaft und Wirtschaft". Die Bilddarstellungen würden wir heute als Informationsgrafiken bezeichnen. Auf dem Weg zum international verständlichen Piktogramm war dies ein bedeutender Entwicklungsschritt. Grundlage aller Piktografiesysteme waren die wegweisenden Arbeiten von Werner Graeff, Otto Neurath und Gerd Arntz.

Bildstatistik

Mengenvisualisierung über die „Entwicklung der Wirtschaftsformen" von Gerd Arntz

2.2 Piktogramme bei Olympischen Spielen

Die Entwicklung moderner Kommunikationszeichensysteme war eng an die Bedürfnisse und Erfordernisse der Verkehrsentwicklung und an die Entwicklung und Durchführung internationaler Großereignisse gebunden. Vorreiter für die Entwicklung solcher Zeichensysteme waren immer Olympische Spiele. Dies gilt insbesonders für die Spiele von 1964 (Tokio), 1968 (Mexiko) und 1972 (München). Hier fanden Piktogramme als Informations- und Kommunikationsinstrument eine immer größere Anwendung. Die zwei Beispiele aus jüngerer Vergangenheit (Abbildungen rechts unten) zeigen, dass die Klarheit der Piktogramme von 1972 kaum zu übertreffen ist. 2008 in Peking wurde versucht mit den Piktogrammen die Form der chinesischen Schriftzeichen nachzuempfinden. Die Piktogramme von Rio 2016 haben zwar wieder mehr Ähnlichkeit mit Otl Aichers Versionen von 1956, jedoch folgen sie weitaus weniger strengen Vorgaben bezüglich Raster und Strichdicken.

Melbourne 1956
Bei den Olympischen Spielen wurden alle Sportarten noch in gezeichneten Vignetten dargestellt. Liebevolle, von Grafikern handgezeichnete Darstellungen verdeutlichten die Sportarten.

Tokio 1964
Für die ersten Olympischen Spiele im asiatischen Sprachraum entwarf der japanische Grafiker Katsumi Masaru (1909–1983) erstmals ein Bildzeichensystem zur Kennzeichnung von Sportarten und Hinweistafeln zu deren Veranstaltungsorten. Da die internationalen Besucher die japanischen Schilder meist nicht lesen konnten, war ein solches Bildzeichensystem zwingend erforderlich.

Mexiko 1968
Eine Gruppe von Designern hat für die Olympiade in Mexiko Symbole entwickelt, die die Sportarten darstellen, ohne Personen abzubilden.

München 1972
Otl Aicher (1922-1991), der Gestaltungsbeauftragte der Olympischen Sommerspiele 1972, vereinfachte und geometrisierte die bildliche Darstellung für die Olympischen Spiele 1972 auf der Grundlage der Piktogramme der Spiele von Tokio. Er war maßgeblicher Ideengeber. Kern seiner Idee war die Reduzierung der bis dahin noch sehr figurativen Piktogramme für die einzelnen Sportarten.

Viele Anregungen und Ideen von Künstlern des Bauhauses fanden sich in der Formensprache und der Ausar-

Sportpiktogramme
Links: 1956: Melbourne, Basketball
Rechts: 1964: Tokio, Volleyball

Links: 1968: Mexiko, Hockey
Rechts: 1972: München, Fußball

Links: 2008: Peking, Tennis
Rechts: 2016: Rio, Wasserball

Piktogramme

Entworfen zu den olympischen Spielen in München 1972 von Otl Aicher

beitung der Gruppe um Otl Aicher an der Hochschule für Gestaltung in Ulm wieder.

Die Konzeption Aichers war im Prinzip einfach und klar: Er platzierte alle Figuren in einem quadratischen Feld, das aus orthogonalen und diagonalen Gittern bestand (siehe großes Quadrat in der oberen Abbildung). Dabei verhielten sich alle Linien in einem Winkelverhältnis von 45^0 und 90^0 zueinander. Alle Beine und Arme weisen die gleiche Stärke auf. Alle Glieder werden rechtwinklig oder parallel zueinander angeordnet. Alle Figuren wurden dabei streng geometrisch gezeichnet und zeigen die charakteristische Bewegungssymbolik für die einzelnen Sportarten. Aichers Konzeption ging davon aus, dass die Piktogramme so gestaltet waren, dass im Sinne einer Weltsprache alle Piktogramme von jeder Person verstanden werden. Aus entsprechenden Untersuchungen weiß man zwischenzeitlich, dass die scheinbar einfachen Piktogramme nur gelesen werden können, wenn eine ausgeprägte kognitive und kulturelle Kompetenz beim Betrachter vorliegt.

Die in München entwickelten Piktogramme für Sportstätten, Verkehrsknotenpunkte wie Flughäfen, Bahnhöfe, für Hotels und Innenstädte werden heute in aller Welt genutzt und weiterentwickelt. Kennzeichen dieser Piktogramme ist die internationale Verständlichkeit dieser Formen- oder Bildersprache.

2.3 Piktogramme heute

Das oben abgebildete Beispiel der Sparkasse zeigt, dass sich Piktogramme auch für Werbung eignen, auch wenn in diesem Beispiel die Bedetung der drei gezeigten Piktogramme nicht unbedingt eindeutig ist.

2.3.1 Piktogrammkategorien

Piktogramme werden von ihrer Bildsprache her in ikonische, symbolische und hybride Piktogramme unterteilt.

Ikonische Piktogramme
Dies sind Piktogramme, die auf Abbildungen von Gegenständen oder Situationen beruhen, die allgemein verständlich, aber oftmals mehrdeutig sein können. Der Lernaufwand zum Verständnis des Piktogramms ist hier als gering einzustufen.

Symbolische Piktogramme
Diese Piktogramme verwenden Symbolzeichen, deren Bedeutung durch entsprechende Konventionen festgelegt sind. Symbolische Piktogramme sind häufig nicht allgemein verständlich und müssen vom „Leser" erlernt werden.

Piktogramm-kategorien
Von links: ikonisches (Bus), symbolisches (Café), hybrides (Zimmervermittlung) Piktogramm

Hybride Piktogramme
Die Mischform aus ikonischen und symbolischen Piktogrammen wird als hybrides Piktogramm bezeichnet. Eine Kombination aus einem allgemein verständlichen Element und einem symbolischen Element.

2.3.2 Gestaltungsanforderungen

Das Piktogramm ist heute meist ein Bildzeichen, das international lesbar ist und eine festgelegte Bedeutung kommuniziert. Nach einheitlichen Gestaltungsregeln entwickelt, folgt es innerhalb eines Systems der immer gleichen Syntax. Piktogramme müssen einprägsam, leicht erkennbar und universell einsetzbar sein. Dies führt zu einer Reihe von Gestaltungsbedingungen:

Gute Erkennbarkeit
- Klare Grundformen wie Kreis, Quadrat, Rechteck, Dreieck
- Auffällige Farben mit guter Kontrastwirkung
- Skalierbarkeit muss gegeben sein

Einprägsamkeit
- Klare und reduzierte Bildsprache
- Klarer und eindeutiger Figur-Grund-Kontrast
- Bevorzugt Schwarz-Weiß-Kontraste
- Negativumkehrungen müssen problemlos möglich sein
- Immer gleichbleibende Umrisse
- Keine wechselnden Linienstärken für gleichartige Elemente
- Gleichartige Gestaltung und Bildanmutung innerhalb einer Serie

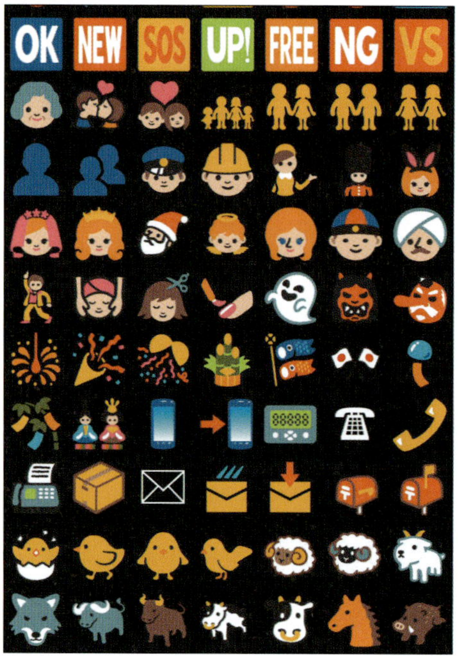

Emojis
Beispiele aus WhatsApp (Android)

Einmaligkeit der Bildserie

- Eigenständige Bildserie
- Klare und eindeutige grafische Umsetzung der Bildidee
- Eindeutiger und klarer Abstraktionsgrad

Emotionale Qualität

- Klare, ansprechende und typische Idee
- Wenn Farben, dann passende und ansprechende Farben
- Signalfarben nutzen

2.3.3 Emojis

Emojis sind Ideogramme, also bildhafte Darstellungen von Worten oder Begriffen. Emojis werden insbesondere bei privater schriftlicher Kommunikation (z. B. WhatsApp, SMS, Facebook) eingesetzt und beschleunigen das Schreiben und das Lesen von Nachrichten.

Emojis bergen aber die Gefahr von Missverständnissen, da die Bedeutung der kleinen Bildchen selten eindeutig ist und diese außerdem je nach Betriebssystem auch noch unterschiedlich aussehen. So kann es durchaus passieren, dass ein glückliches Gesicht zu einem kämpferischen „mutiert".

Piktogrammserie „Sanitärhinweise"
Speziell für Kindereinrichtungen entwickelte Piktogrammserie

Piktogrammserie „Menschen & Behinderung"
Einprägsame Piktogrammserie für die Verwendung im Lebensraum behinderter Personen

2.4 Internationale Piktogramme

Ständig werden weltweit neue Zeichen bzw. Piktogramme entwickelt, um neuen gesellschaftlichen, technischen und organisatorischen Ansprüchen zu genügen. Zwei Zahlen verdeutlichen diese Entwicklung: Das Piktogrammsystem Otl Aichers aus dem Jahr 1972 für die Olympischen Spiele in München umfasste 34 Piktogramme. Die Firma ERCO-Piktogramme, die die Aicher'schen Piktogramme systematisch weiterentwickelt, bietet zwischenzeitlich 987 unterschiedliche Zeichen an.

Vor allem im Bereich des Internets sowie der verschiedenen Kulturen und Szenen in Städten entstehen neue Bildzeichen, die zum Teil nur für ausgesuchte Zielgruppen verständlich, also lesbar sind.

Um diese Entwicklung zumindest im öffentlichen Bereich in geregelte Bahnen zu lenken, wurde die ISO 7001: „Grafische Symbole zur Information der Öffentlichkeit" herausgegeben.

Die ISO (International Organization for Standardization) führt weltweit Testserien zur Wirkung von Piktogrammen durch. Dabei wird nach semiotischen und wahrnehmungspsychologischen Erkenntnissen in unterschiedlichen Kulturkreisen nach dem optimalen Ausdruck und der jeweiligen Wirkung neu entwickelter Zeichen gesucht. Durch diese Testserien wird die Verständlichkeit von Piktogrammen überprüft. Durch die Norm ISO 9186: „Grafische Symbole – Prüfmethoden – Teil 1: Tests zur Ermittlung der Verständlichkeit" sind die Prüfmethoden festgelegt, mit denen die Verständlichkeit neu entwickelter Zeichen getestet wird.
Hat ein Piktogramm im Vergleich zu bestehenden internationalen Zeichen mit gleichem semantischem Inhalt, aber anderer grafischer Darstellung die ersten Testverfahren bestanden, muss es in einer weiteren Überprüfung seine Verständlichkeit nachweisen, bis ein neues Zeichen irgendwann zur Normierung als Bildzeichen beim jeweiligen nationalen ISO-Ausschuss vorgestellt werden kann.

In der Bundesrepublik ist dies das Deutsche Institut für Normung. Das Ziel der Normung durch DIN und ISO ist es, weltweit einheitliche grafische Symbole für die Nutzung in der Öffentlichkeit zu erarbeiten.

ISO 7001

Beispiele aus der internationalen Norm ISO 7001

2.5 Verkehrs- und Sicherheitskennzeichen

Im Straßenverkehr und bei Sicherheitshinweisen ist die Eindeutigkeit von Piktogrammen extrem wichtig. Daher sind in diesen Bereichen für die Gestaltung von Piktogrammen strenge Regeln aufgestellt worden.

Farben und Formen wurden festgelegt, um die Zeichen in Gruppen zusammenzufassen.

Verkehrszeichen
Verkehrspiktogramme werden heute im Zeitalter der Globalisierung und Internationalisierung in standardisierter Form verwendet, um Informationen sprachunabhängig und möglichst schnell zu vermitteln. So werden Straßenschilder heute weltweit als weitgehend einheitliche Bildsprache von jedem verstanden. Sie warnen vor Gefahren und geben Hinweise zum Verhalten im Straßenverkehr – dass diese Hinweise oft nicht befolgt werden, liegt sicherlich nicht an der Piktografie der Verkehrszeichen.

Sicherheitskennzeichen
In der europäischen Union werden Piktogramme durch die Berufsgenossenschaftlichen Vorschriften für Sicherheit und Gesundheit am Arbeitsplatz normiert. Ein einheitlicher Darstellungsstandard in Europa ist das Ziel. Ein Auszug dieser Vorschriften:

- DIN EN ISO 7010: Sicherheitskennzeichnung
- ANSI Z 535 (American National Standards Institute): Sicherheitsfarben, Sicherheitszeichen und Richtlinien zur Technischen Dokumentation
- Schweizer Norm SN 055000 Sicherheitskennzeichnung am Arbeitsplatz: Sicherheitsfarben und Sicherheitszeichen

Verkehrszeichen
nach StVO

Sicherheitskennzeichen
nach DIN EN ISO 7010

Sicherheitskennzeichen
nach ANSI Z 535

2.6 Aufgaben

1 Piktogrammbegriff erläutern

Erklären Sie den Begriff Piktogramm und nennen Sie die Anforderungen an Piktogramme.

Erklärung:

Anforderungen:

2 Piktografiegeschichte beschreiben

Piktogramme waren die ersten Zeichen im 20. Jahrhundert, die völkerverständigend über Grenzen hinweg Verwendung fanden. Nennen Sie die Gründe für deren Entwicklung.

3 Meilensteine bei der Entwicklung von Piktogrammen nennen

Welches sportliche Ereignis war für die Piktografieentwicklung prägend? Beschreiben Sie, was das Jahr 1972 bezogen auf die Entwicklung der Piktografie so besonders macht.

Ereignis:

Besonderheit von 1972:

4 Bedeutung Otl Aichers beschreiben

Beschreiben Sie die Besonderheit in der Art und Weise, wie Otl Aicher Piktogramme gestaltet hat.

5 Piktogramme skizzieren

a. Skizzieren Sie ein Piktogramm für „Wasserspender".

b. Skizzieren Sie ein Piktogramm für „Abflug".

6 Piktografiekategorien nennen

Nennen und beschreiben Sie die drei Kategorien, in die man Piktogramme einteilen kann.

Kategorie 1:

Kategorie 2:

Kategorie 3:

7 Piktografiekategorien zuordnen

Ordnen Sie die folgenden Piktogramme einer der Piktografiekategorien ikonisch, symbolisch oder hybrid zu.

a. Ticketschalter

☐ Ikonisch

☐ Symbolisch

☐ Hybrid

b. Kein Zutritt

☐ Ikonisch

☐ Symbolisch

☐ Hybrid

c. Autovermietung

☐ Ikonisch

☐ Symbolisch

☐ Hybrid

d. Taxi

☐ Ikonisch

☐ Symbolisch

☐ Hybrid

8 Gestaltungsanforderungen moderner Piktogramme beschreiben

Nennen Sie sieben Anforderungen an moderne Piktogramme, die beim Entwurf und der Gestaltung berücksichtigt werden müssen.

1.

2.

3.

4.

5.

6.

7.

9 Normierungen für Piktogramme nennen

Es gibt weltweit eine Reihe von Normvorschriften, vor allem für Sicherheitspiktogramme. Nennen Sie die zwei wichtigsten Vorschriften.

1.

2.

3.1 Vom Piktogramm zum Icon

3.1.1 Entwicklung zum Icon

Die „Erfindung" der grafischen Benutzeroberfläche am Computer Ende der 70er Jahre hat eine Flut von neuen Piktogrammen ausgelöst, die als Icons bezeichnet werden. Die ersten grafischen Benutzeroberflächen ermöglichten rasch eine nahezu intuitive Nutzung des Computers. Diese damals revolutionäre Oberflächenlogik wurde zum Vorbild für alle modernen Benutzeroberflächen, die in den folgenden Jahren entstanden sind. Die Icons waren anfangs noch sehr einfach gestaltet, die Ecken der einzelnen Pixel waren oft noch gut zu erkennen. Nach reinen Schwarz-Weiß-Icons folgten farbige Icons, nach detailreicheren Icons sind heute wieder immer mehr Icons zu finden, die sehr reduziert gestaltet wurden und hohe Kontraste aufweisen.

Mit der Einführung der grafischen Benutzeroberfläche war die Notwendigkeit verbunden, dass Menschen die Bedeutung der verwendeten Icons erlernen mussten. So wie Kinder das Lesen und Schreiben erlernen müssen, gehört heute auch das Lernen einer international verständlichen Iconsprache zur Grundausbildung eines jeden Mediennutzers dazu. Wer diese Kommunikationsform nicht beherrscht, hat es schwer, ohne diese Kompetenz sich in der modernen Mediengesellschaft zurechtzufinden. Die Bedeutung vieler Icons und deren Inhalte, die dahinter stehen, ergeben sich für einen geübten Computernutzer nahezu von selbst.

3.1.2 Der Begriff Icon

Der englische Begriff „Icon" bezeichnet in der Informationstechnik ein spezielles Piktogramm. Dieses Piktogramm repräsentiert beispielsweise eine Datei, ein Programm, einen Datenträger oder eine Anwendung. Wenn ein Nutzer dieses Icon anwählt, wird eine bestimmte Funktion ausgelöst. Dies kann das Starten eines Programms, die Auswahl einer Festplatte oder die Wahl einer Schrift sein.

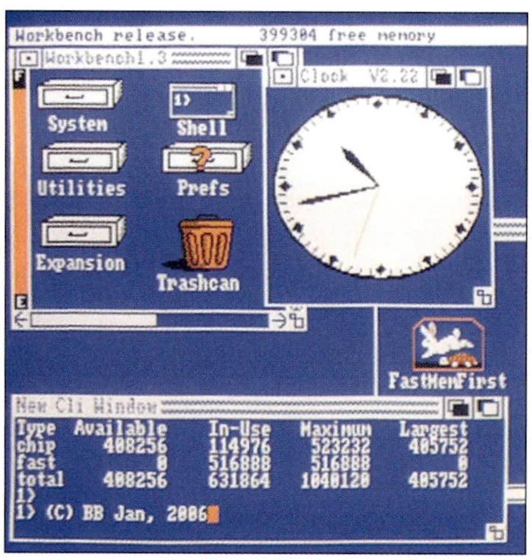

Frühe grafische Benutzeroberfläche
Amiga 500 (1987)

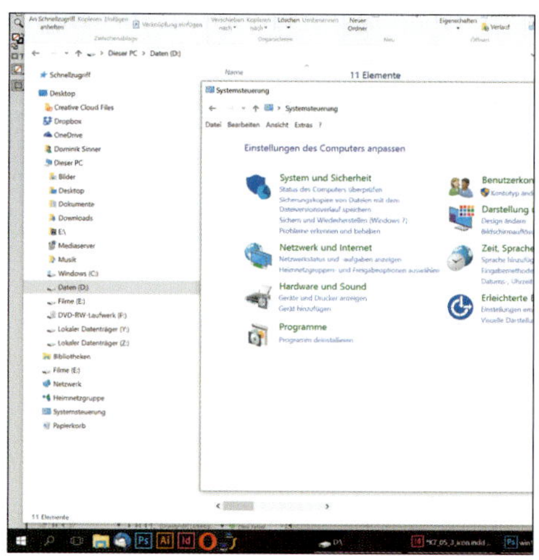

Heutige grafische Benutzeroberfläche
Windows 10 (2016)

3.2 Gestaltung von Icons

3.2.1 Icongröße

Üblicherweise sind Icons quadratisch aufgebaut und weisen meist eine Größe zwischen 16 x 16 Pixeln und 512 x 512 Pixeln auf, es kann der gesamte darstellbare Farbumfang genutzt werden. Die verwendeten Dateiformate sind vielfältig. Je nach Nutzung und Anwendung des Icons kommen z. B. ICO, ICNS, PNG, GIF oder JPG als Dateiformat in Frage.

3.2.2 Gestaltungsanforderungen

Die optische Gestaltung von Icons unterliegt zwangsläufig dem Wandel der Zeit. Frühere Betriebssystemoberflächen nutzten Texteingabefelder und Befehlseingabezeilen. Das Arbeiten war umständlich und mit wenig Komfort verbunden. Moderne Betriebssystemoberflächen machen allein vom Betrachten her Spaß und erleichtern das Arbeiten erheblich. Klare und eindeutige Icons führen den Nutzer auch in die Tiefen der Dateiverwaltung oder der Programmsteuerung. Selbst die Nutzung fremdsprachiger Oberflächen ist durch gut gestaltete Icons zumindest innerhalb des europäischen Sprachraumes nicht allzu schwierig.

Regeln

- Schnelle und eindeutige Erkennbarkeit
- Unabhängig von Sprache und Kultur
- Geringer Platzbedarf auf der Benutzeroberfläche
- Alle Icons einer Anwendung sollten einheitlich und unverwechselbar gestaltet sein.
- Standards müssen beachtet werden. Beispielsweise kennen vermutlich alle Anwender aus dem Bereich der Bürokommunikation das Icon „Papierkorb“. Es macht keinen Sinn, hier ein völlig neues Icon zu entwickeln, da weltweit jeder Kundige die Funktion kennt, die sich hinter dem Symbol verbirgt.

Kontextbezug

Der Kontext, also das Umfeld, in dem das Icon auf der Bedienoberfläche

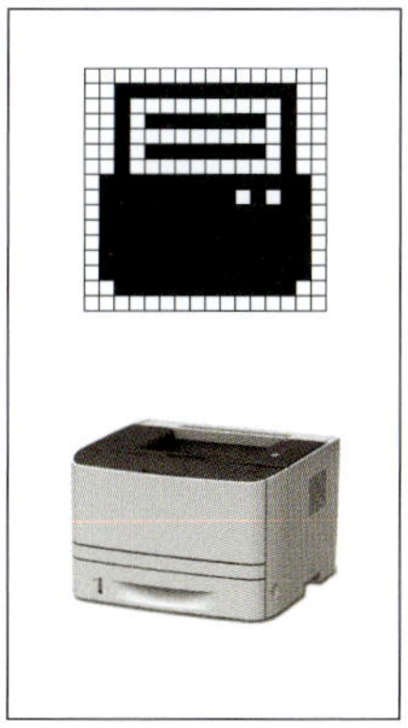

Iconbeispiele

Oben: prinzipieller Aufbau eines Druckericons mit einer Matrix von 16 x 16 Pixeln

Unten: modernes Druckericon mit realistischer Objektdarstellung

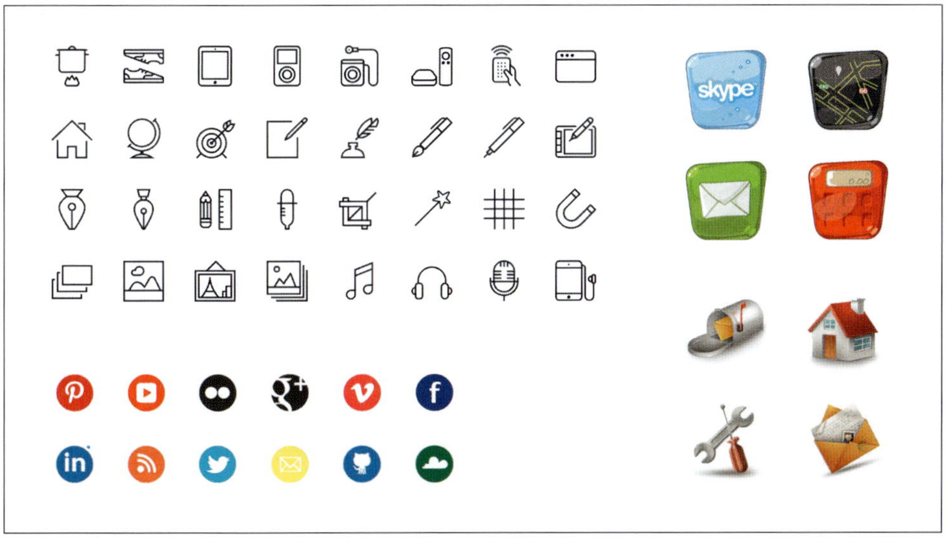

Verschiedene Iconserien

erscheint, spielt eine wesentliche Rolle. Es gibt hervorragende Icons, die jedoch ihre Klarheit und Unverwechselbarkeit nur im Kontext mit anderen Symbolen erlangen.

Zielgruppenorientierung
Oft ergibt sich die Bedeutung eines Icons erst im Zusammenspiel von Kontext und individueller Betrachtung. Deshalb ist die Zielgruppe beim Entwurf eines Icons stets miteinzubeziehen. So können beispielsweise Symbole, die in unserem Kulturkreis eine ganz bestimmte Bedeutung haben, in einem anderen Kulturkreis völlig andere Assoziationen hervorrufen.

Farbwahl
Verwenden Sie nur wenige Farben, dafür aber klare Formen. Zu viele Farben stören oftmals den körperhaften Gesamteindruck. Bedenken Sie außerdem: Briefkästen sind nicht überall gelb.

Bildsprache
Die auf den Oberflächen verwendeten Icons weisen in der Regel einen erkennbaren Bezug zu den jeweiligen Dateitypen oder Anwendungen auf. So werden Datenbankanwendungen oft durch eine Tabelle visualisiert und Textverarbeitungsprogramme üblicherweise durch ein Schriftzeichen oder ein beschriebenes Blatt Papier.

Der unten abgebildete Ausschnitt aus dem „Dock" eines Apple-Computers zeigt eine Reihe von Icons, die zu Betriebssystemanwendungen oder verschiedenen Programmen führen. Allerdings sind viele der Icons nur für den eingeweihten Nutzer in einen Sachzusammenhang zu stellen. So sind z. B. die Icons mit dem Foto und dem Kalender leicht zuzuordnen, andere Icons, wie die „startende Rakete" **A** oder die „Pinsel" **B**, lassen sich nicht intuitiv zuordnen.

3.2.3 Entwurf von Icons

Folgende Vorgehensweise hat sich beim Entwurf von Icons bewährt:

- Definieren Sie die Nutzung und den Zweck des Icons.
- Beschreiben Sie die Zielgruppe und berücksichtigen Sie dabei die Vorkenntnisse und Erfahrungen der Zielgruppe.
- Sammeln Sie Ideen.
- Fertigen Sie eine Skizze auf Papier an.
- Testen Sie die Skizze bei Vertretern der Zielgruppe, indem Sie das Icon zeigen und nach seiner Bedeutung bzw. Funktion fragen.
- Erstellen Sie das Icon mit einem geeigneten Editor.
- Führen Sie mit dem erstellten Icon weitere Nutzertests durch, bei denen Sie die Erwartungen und Wahrnehmungen der Benutzer sowie die Erlernbarkeit des Icons prüfen.
- Verbessern und optimieren Sie das Icon.
- Bereiten Sie das Icon für die gewünschte Anwendung auf.

3.2.4 Beschriftung von Icons

Viele Icons sind auf Anhieb in ihrer Bedeutung und Funktion nicht klar erkenn-

bar. Oft werden daher beim Überfahren eines Icons mit der Maus Tooltipps angezeigt, die in Textform die Bedeutung des Icons wiedergeben. Beschriftungen geben eine Hilfestellung und leisten so ihren Beitrag beim Erlernen von Icons.

3.2.5 Norm EN ISO 9241-110

Die Norm EN ISO 9241-110 gibt vor, was sich jeder Icondesigner immer wieder ins Gedächtnis rufen muss: „Schaltflächen, Icons und Menüeinträge sollten den Benutzer mit einfachen und flexiblen Dialogwegen zum Ziel seiner Aufgabe führen und damit die Anwendung steuerbar machen." Die EN-ISO-Norm 9241-110 legt die Dialogregeln fest, nach denen interaktive Systeme an der Schnittstelle Mensch – Maschine kommunizieren sollen.

Grundsätze
Interaktive Systeme müssen folgende sieben Grundsätze beachten:

- *Aufgabenangemessenheit* – ein interaktives System muss seinen Benutzer dabei unterstützen, seine Aufgaben und Ziele vollständig, korrekt und mit einem vertretbaren Aufwand zu erledigen.
- *Selbstbeschreibungsfähigkeit* – interaktive Systeme müssen so gestaltet sein, dass sein Benutzer jede Rückmeldung unmittelbar oder auf Anfrage nachvollziehen kann. Unverständliche und fehlende Rückmeldungen sind Verstöße gegen die Selbstbeschreibungsfähigkeit.
- *Lernförderlichkeit* – interaktive Systeme sollten den Umgang mit dem System durch eine jederzeit aufrufbare „Guided Tour" unterstützen.
- *Steuerbarkeit* – ein interaktives System muss sich von seinem Nutzer steuern lassen. Befehlseingaben müssen dabei rückgängig gemacht werden können.
- *Erwartungskonformität* – ein interaktives System sollte einheitlich gestaltet sein und den Merkmalen des Benutzers entsprechen. Darunter fallen z.B. Kenntnisse des Benutzers aus seinem Arbeitsgebiet, aus seiner Ausbildung und Erfahrung sowie allgemein anerkannte Konventionen.
- *Individualisierbarkeit* – ein interaktives System muss sich auf die Eigenarten und Vorlieben seines Nutzers einlassen. Die Möglichkeit zur Anpassung der Oberfläche oder die Vergrößerung der Schrift sind Beispiele hierfür.
- *Fehlertoleranz* – ein interaktives System muss seinem Benutzer gegenüber Fehlertoleranz aufweisen. Dies heißt, dass es ihn vor Fehlern bewahrt und schützt. Im Fehlerfall muss das System den Nutzer konstruktiv dabei unterstützen, den Fehler ohne Aufwand zu beheben. Dabei ist eine klare Abfragetechnik zu verwenden.

Diese Dialoggrundsätze gelten für alle denkbaren interaktiven Systeme wie z.B. Computer, Handys, Fahrkartenautomaten, Lernspiele, Bedienungsanleitungen oder Navigationssysteme.

Wenn Sie überlegen, ob alle Systeme, die Sie nutzen, nach diesen Grundsätzen funktionieren, werden Sie vielleicht feststellen, dass es hier und da noch Optimierungsmöglichkeiten gibt.

Icons in macOS

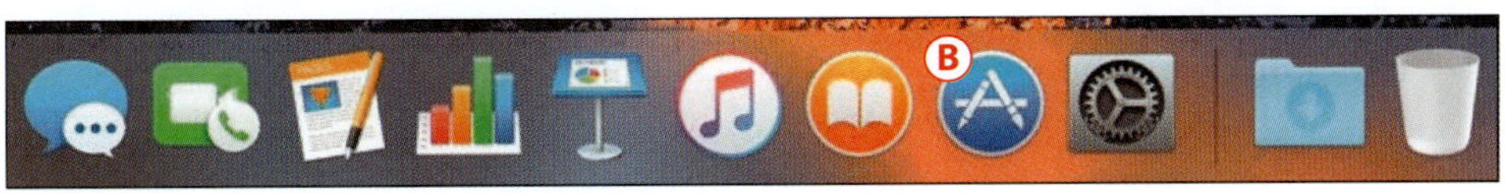

Dock in macOS

3.3 Verwendung von Icons

Icons dienen, wie bereits erwähnt, interaktiven Systemen als Bedienungshilfe. Im Gegensatz zu früher sind die Bedienungsoberflächen der heutigen Betriebssysteme und Programme ansprechend und schön gestaltet, die Nutzung erfolgt schnell, leicht und weitgehend intuitiv. Dies liegt vor allem an der grafisch aufgebauten Benutzeroberfläche, die wir allgemein als angenehm empfinden.

3.3.1 Icons und Usability

Der Begriff Usability kommt aus dem Englischen. Er setzt sich aus den zwei Worten „to use" (benutzen) und „the ability" (die Fähigkeit) zusammen. Übersetzt wird der Begriff mit „Bedienbarkeit", „Gebrauchstauglichkeit" oder „Benutzerfreundlichkeit".

Der Begriff „Usability" bezieht sich nicht nur auf die Gestaltung von Internetseiten oder Nutzungsoberflächen von Computern oder anderen elektronischen Geräten, sondern auch auf ganz alltägliche Gebrauchsgegenstände.

Beim Design von informationsverarbeitenden Systemen spielen Icons eine herausragende Rolle für die Gebrauchstauglichkeit. Die ISO 9241 besagt, „Gebrauchstauglichkeit ist das Ausmaß, in dem ein Produkt durch bestimmte Benutzer in einem bestimmten Nutzungskontext dazu genutzt werden kann, bestimmte Ziele effektiv, effizient und zufriedenstellend zu erreichen." Diese Definition lässt sich auf alle Formen der Informationstechnik übertragen.

Nutzer eines Computers, einer Internetseite, eines Spiels oder eines Mobiltelefons haben alle das gemeinsame Ziel, ihre Tätigkeit effizient, effektiv und für sie zufriedenstellend auszuführen. Ist das Angebot gebrauchstauglich gestaltet, werden sie dieses Ziel erreichen und das Angebot weiterhin nutzen.

Je mehr Wert bei der Gestaltung auf die Usability des Informationssystems gelegt wurde, desto zufriedener werden die Nutzer sein. Gut gestaltete und sinnvoll beschriftete Icons unterstützen die Brauchbarkeit eines elektronischen Systems.

3.3.2 Software

Die Benutzeroberfläche einer Software beinhaltet meist sehr viele Funktionen, die dem Benutzer möglichst schnell und unkompliziert zur Verfügung stehen müssen. Bei der Gestaltung der Programmoberfläche spielt auch die Zielgruppe eine wichtige Rolle.

Wie Sie an den beiden Abbildungen unten erkennen können, wird bei Microsoft Office mehr Wert auf die leichte Erkennbarkeit und Bedienbarkeit

Programmicons
Oben: InDesign CC
Unten: Office 2016

Die Icons bei InDesign sind im Gegensatz zu den Icons bei Office relativ klein, nur in Graustufen und sehr schlicht.

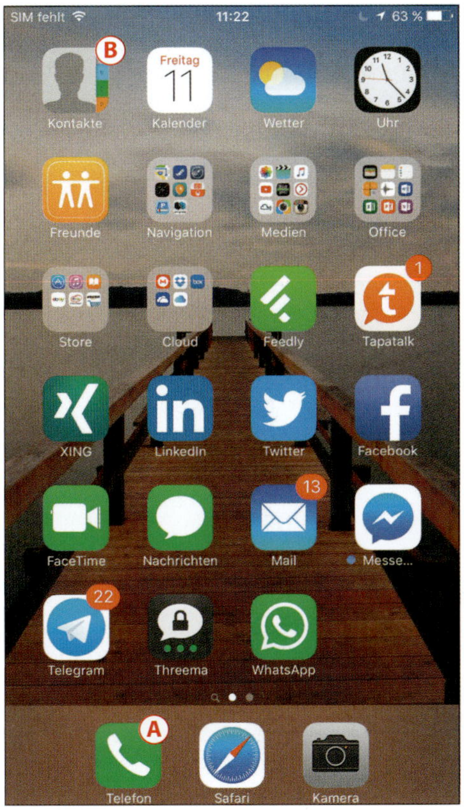

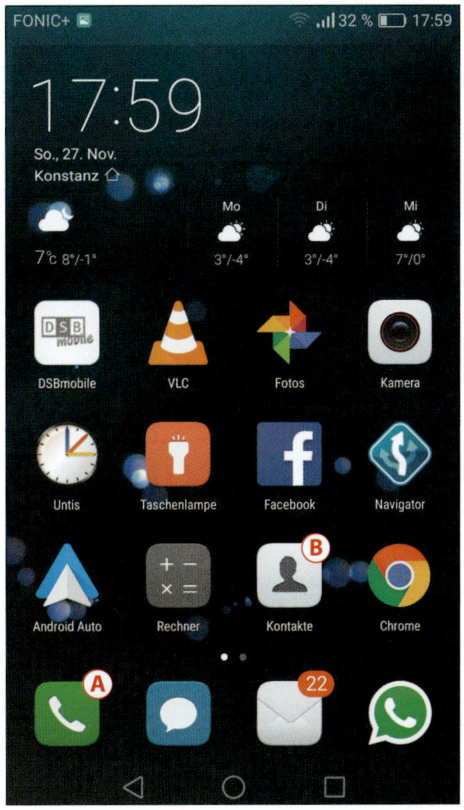

App-Icons
Links: iOS 9
Rechts: Android 6

Fast alle Icons sind intuitiv verständlich, bei manchen muss aber die Beschriftung zu Rate gezogen werden.

gelegt, während bei InDesign Funktionalität und Sachlichkeit im Vordergrund stehen. Ein Beispiel hierfür sind die sehr kleinen Pfeile, die direkte Veränderungen, z. B. bei der Schriftgröße, ermöglichen.

3.3.3 Mobile Endgeräte

Da auf dem Bildschirm von mobilen Endgeräten nur sehr wenig Platz zur Verfügung steht, haben Icons hier eine besonders große Bedeutung.

Für das Icon einer App (Minianwendung) steht auf solchen Geräten meist die Fläche einer Fingerkuppe zur Verfügung, wodurch ein Auswählen mit dem Finger problemlos möglich ist. Durch die Vielzahl an Apps, die heruntergeladen und installiert werden können, gibt es eine ebenso große Anzahl an Icons, die mehr oder weniger gut gestaltet sind und alle das Ziel haben sollten, den Inhalt der App möglichst intuitiv verständlich darzustellen. Ohne die Beschriftungen unter den Icons wäre der Nutzer im „Icon-Dschungel" verloren.

Oben sehen Sie zwei Benutzeroberflächen von mobilen Endgeräten nebeneinander abgebildet. Es fällt auf, dass einige Icons sehr ähnlich gestaltet sind, so ist die Telefon-App **A** in beiden Fällen durch einen alten Telefonhörer repräsentiert und die Kontakte **B** findet man in beiden Fällen, indem man auf die Silhouette einer Person tippt.

3.4 Aufgaben

1 Entwicklung vom Piktogramm zum Icon beschreiben

Welche „technische Entwicklung" war der Auslöser für die Gestaltung von Icons?

2 Begriff „Icon" erklären

Erklären Sie den Begriff „Icon".

3 Gestaltungskriterien für Icons aufzählen

Nennen Sie fünf Kriterien, die bei der Gestaltung von Icons zu berücksichtigen sind.

1.

2.

3.

4.

5.

4 Entwurf von Icons beschreiben

Welche Vorgehensweise hat sich beim Entwickeln von Icons bewährt? Nennen und erläutern Sie die wichtigsten Schritte.

5 Norm EN ISO 9241-110 beschreiben

Beschreiben Sie kurz die Bedeutung der oben angegebenen ISO-Norm.

6 Regeln für die Gestaltung interaktiver Systeme nennen

Interaktive Systeme müssen nach der EN-ISO-Norm 9241-110 sieben Grundsätze beachten, damit die Kommunikation Mensch – Maschine sicher und erfolgreich funktioniert. Nennen Sie diese sieben Grundsätze.

1.

2.

3.

4.

5.

6.

7.

7 Begriff „Usability" erklären

Beschreiben und erklären Sie den Begriff „Usability".

8 Bedeutung von Icons erklären

Geben Sie einen kurzen Abriss über die Bedeutung gut gestalteter Icons.

9 Icons skizzieren

Skizzieren Sie ein Icon für die Verwaltung von Energieeinstellungen (z. B. Zeitvorgabe für den Ruhezustand).

4.1 Von der Warenkennzeichnung zum Logo

4.1.1 Warenkennzeichnung

Bereits im Mittelalter haben erste Händler ein Zeichen auf ihren Produkten (z. B. auf Lebensmittelsäcken) angebracht, um sie zu kennzeichnen. Auch Handwerker haben ihre Werke, also z. B. Holzbalken oder eine Mauer, mit ihrem eigenen Zeichen „signiert". Herkunftsbezeichnungen und Herstellerzeichen dienten (wie auch heute noch) der Qualitäts- und Originalitätssicherheit.

Als im 19. Jahrhundert die Industrialisierung einsetzte, nahm der Export von Gütern zu. Da die exportierten Waren oft von schlechter Qualität waren, hat Großbritannien 1887 den „Mercandise Marks Act" beschlossen. Zum Schutz vor der als minderwertig geltenden Konkurrenz wurde damit die Verpflichtung eingeführt, Waren mit dem Herkunftsland zu kennzeichnen. Viele dieser Produkte kamen aus Deutschland, wobei „Made in Germany" zu dieser Zeit eher ein schlechtes Zeichen war. Im Jahr 1891 wurde dann das „Madrider Abkommen über die Unterdrückung falscher oder irreführender Herkunftsangaben auf Waren" vereinbart. Viele andere Staaten führten damit auch eine Kennzeichnungspflicht ein.

Heute sind Warenkennzeichnungen nicht mehr wegzudenken, im globalen Markt sind sie unverzichtbar, um Waren unterscheidbar zu machen.

4.1.2 Beispiel Daimler-Benz

1883 gründete Karl Benz die Firma Benz & Cie. 1890 entstand, von Gottlieb Daimler begründet, die Daimler-Motoren-Gesellschaft (DMG). Beide Firmen entwickelten einprägsame Warenzeichen, die für ihre Produkte stehen sollten. Zunächst waren dies die Namen der beiden Erfinder, die für die Produktqualität standen. Der Zahnkranz im Markenlogo **A** der Firma Benz von 1903 wurde 1909 durch einen Lorbeerkranz **B** ersetzt und die Schrift optisch in den Kranz eingepasst.

Bei der DMG wurde der Markenname Mercedes verwendet. Ein in der Familiengeschichte immer wieder auftauchender Stern wurde 1909 als Warenzeichen angemeldet. Ab 1910 wurde jeder Wagen mit dem Dreizackstern ausgeliefert. Ab 1916 **C** wurde der Stern durch einen Kreis eingefasst, in den vier kleine Sterne und der Schriftzug Mercedes integriert waren.

Die beiden Fabriken schlossen sich 1926 zur Daimler-Benz AG zusammen. Nun musste ein neues Logo **D** entwickelt werden, das die wichtigsten Elemente der beiden Firmen vereinte. Der Stern im aktuellen Logo **E**, im Prinzip ein Piktogramm, wird als Markenzeichen weltweit gekannt und steht für Qualität und Tradition eines Automobilunternehmens.

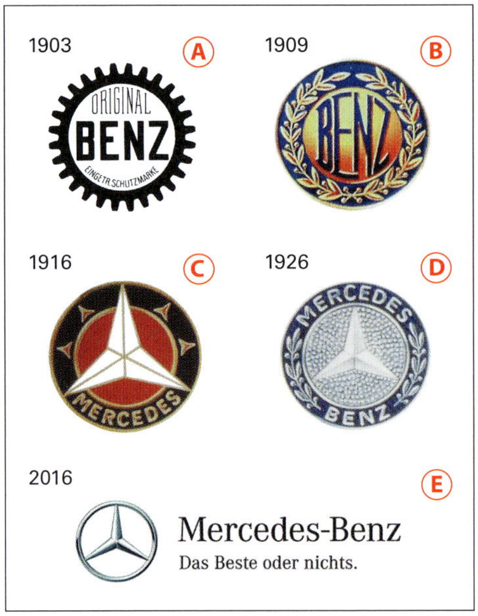

4.2 Logotypen

Die bunte Welt der Logos

Logos namhafter Unternehmen der unterschiedlichsten Bereiche

Ein Firmenlogo ist das dominierende Element des visuellen Erscheinungsbildes eines Unternehmens oder einer Organisation. Das Wort Logo stammt ursprünglich aus dem Griechischen und kann frei mit dem Begriff „sinnvolles“ Wort übersetzt werden. Ein Logo hat immer eine Identifikations- und eine Kommunikationsfunktion.

Welche Elemente gehören nun in ein gelungenes Logo? In erster Linie sind das Buchstaben oder Worte, Zahlen, Grafik und kombinierte Zeichen. In einem Logo ist streng genommen immer Schrift in irgendeiner Form enthalten. Eine Kombination von Text und Bild ist bei einem Logo möglich und wird häufig genutzt. Eine nur bildhafte Präsentation einer Institution oder Firma nur mit einem Bild bzw. Bildzeichen ist streng genommen kein Logo, sondern ein Signet.

4.2.1 Bildzeichen (Signet)

Signets, also Bildzeichen bzw. Bildmarken, werden genutzt, um ein Produkt oder ein Unternehmen zu kennzeichnen. Der Begriff „Signet“ kommt aus dem lateinischen „Signum“ und wird etwas verkürzt mit „Zeichen“ übersetzt. In den Zeiten des klassischen Buchdrucks wurden Signets von den Druckern und Verlegern dazu verwendet, ihr Zeichen auf den Titel ihrer Werke zu setzen. Der Leser sollte möglichst sofort erkennen, wer ein Werk herausgegeben bzw. gedruckt hat. Daher wurden diese Signets auch Drucker- oder Verlagszeichen genannt. Dies ist sicher einer der Gründe, dass auch heute noch auf vielen Publikationen von Verlagen die meist modernisierten Verlagssignets in die Gestaltung mit einbezogen werden. Sie können dies auch bei diesem Buch bei der Umschlaggestaltung erkennen.

Signets sind reine Bildzeichen. Die Anforderungen an Signets sind abhängig von der Funktion, der Zielgruppe, aber auch von Stilprägungen. Moderne Signets sind meist aus geometrischen Grundformen aufgebaut, die schnell, eindeutig und leicht erfassbar sowie gut wiedererkennbar sind.

Heute wird das Signet auch als Bildmarke bezeichnet. Es bildet durch ein abstraktes Zeichen einen Bezug zu einem Unternehmen und visualisiert dessen Angebotspalette. Bildmarken wie der Mercedes-Stern schaffen es sogar, ohne zusätzliche Information eine Wiedererkennung und Zuordnung zu einer Marke herzustellen. Dies gelingt aber nur wenigen Marken, so dass meist eine zusätzliche Information zur Bildmarke erforderlich ist.

Der Wiedererkennungswert und die Sympathie sind weitere Kriterien für die Signetgestaltung. Die Entwicklung moderner Signetformen ist heute ein Spezialgebiet der Mediengestaltung und des Grafikdesigns.

4.2.2 Wortzeichen

Ein Wortzeichen (auch Typo-Logo oder Wortmarke genannt) besteht im Unterschied zum Signet und zum kombinierten Zeichen ausschließlich aus Typoelementen, also aus Schriftzeichen. Schriftwahl, -farbe, -schnitt, Groß- oder Kleinschreibung müssen zur Branche, zum Produkt und zum Unternehmen passen und mit dessen Erscheinungsbild harmonieren.

Die dargestellten Beispiele zeigen bekannte Logos großer Unternehmen, die ausschließlich aus Schriftzeichen oder modifizierten Schriften bestehen – also typische Wortmarken als Firmenlogos.

Solche Wortmarken basieren oft auf einer Schrift oder einem Schriftzug, der eigens für ein Unternehmen und die Wortmarke geschaffen wurde.

Ein gutes, also wirksames Logo sollte prägnant, eindeutig, unverwechselbar und leicht wiedererkennbar sein und als Identifikationsmerkmal für das gesamte Unternehmen stehen.

4.2.3 Buchstabenzeichen

Zeichen, die nur aus Einzelbuchstaben ohne Sinngehalt bestehen, sind relativ selten. Meist sind es Abkürzungen für Firmenbezeichnungen, die als zu lang erachtet werden, wie z. B. DPD statt „Dynamic Parcel Distribution" oder H&M für „Hennes & Mauritz".

Außer bei H&M handelt es sich streng genommen bei den gezeigten Beispielen um kombinierte Zeichen, da neben dem Buchstabenzeichen auch ein Bildelement enthalten ist.

4.2.4 Zahlenzeichen

Sehr selten sind auch reine Zahlenzeichen, sie sind schlecht merkbar und können nur schwer mit Produkten in Verbindung gebracht werden.

Meist kommen Zahlenzeichen in Verbindung mit Radio oder Fernsehen vor. Bei den abgebildeten Beispielen sind auch Zeichen mit Bildelementen vorhanden, also sind es eigentlich keine reinen Zahlenzeichen, sondern kombinierte Zeichen.

4.2.5 Kombiniertes Zeichen

Eine Wort-Bild-Marke ist eine Kombination von Bild- und Schriftzeichen, also ein „kombiniertes Zeichen". Hierbei kann das grafische Element bzw. die grafische Ausgestaltung des Bildes im Vordergrund stehen. Bei der Mehrzahl der Logos wird das figürliche Bildelement bzw. die grafische Ausgestaltung des Zeichens dominieren. Beispiele dafür sind die rechts abgebildeten Logos.

Wort-Bild-Marken werden häufig geschützt. Dieser Schutz erstreckt sich dabei auf die Kombination der beiden Markenelemente. Es kann außerdem sinnvoll sein, einen Markenbegriff (z. B. Apple) zu schützen und das grafische Element separat als Bildmarke.

Bildzeichen

Von links:
- Lufthansa
- Springer-Verlag
- Deutsche Post
- Apple
- Deutsche Bank

Wortzeichen

Von links:
- Fielmann
- Coca-Cola
- Esprit

Buchstabenzeichen

Von links:
- DPD
- H&M
- dm
- C&A

Zahlenzeichen

Von links:
- Pro 7
- Das Erste
- 4711
- Kabel eins

Kombinierte Zeichen

Von links:
- Vattenfall
- Deutscher Fußball-Bund
- Müller

4.3 Verwendung von Logos und Signets

Firmenlogos

4.3.1 Funktion eines Logos

Für ein Unternehmen ist das Vorhandensein eines geeigneten Logos unabdingbare Voraussetzung, um als Marke wahrgenommen zu werden. Mit einer Marke verbinden die meisten Menschen nicht nur ein Produkt oder eine Bezeichnung, sondern zumeist eine konkrete inhaltliche und oftmals auch emotionale Wahrnehmung. Erreicht wird die Bildung einer Marke durch die Definition und genaue Beschreibung eines Erscheinungsbildes für ein Unternehmen, für eine Marke oder eine Dienstleistung. Dabei ist zu berücksichtigen, dass dieses Erscheinungsbild mit dem jeweiligen Markenprodukt übereinstimmt.

Links sind Logos von unterschiedlichen Unternehmen abgebildet. Volvo steht für Sicherheit und Stabilität, betrachten Sie das Logo – wird dieses Image nicht zweifelsfrei durch die optische Darstellung vermittelt? Der geschlossene, sichere und stabil wirkende Stahlring mit dem aufwärts strebenden Pfeil, dazu der massiv wirkende Markenname im Zentrum des Logos, all dies drückt dieses Image nahezu perfekt aus.

Logos sind visuelle Darstellungen eines Markennamens und stellen das Medium dar, das Markenimage, Markenbild und Markenwertigkeit in der Öffentlichkeit stellvertretend für ein Unternehmen vertritt.

Entscheidender Vorteil eines gelungenen Logos liegt zum einen darin, dass charakteristische Logos im Gedächtnis der Konsumenten haften bleiben und weitgehend unbewusst gespeichert werden. Zum anderen können Logos leichter und spontaner aus dem Gedächtnis abgerufen werden als z. B. Textzeilen oder Zahlenkombinationen. Logos helfen dabei, die schlechter abrufbaren Markenmerkmale zu „transportieren". Beim Erkennen eines Logos fallen den meisten Personen Assoziationen zur Marke ein und sie verbinden damit positive oder negative Empfindungen. Untersuchen Sie dazu das Image der anderen Unternehmen in der Marginalienspalte auf dieser Seite.

4.3.2 Logoverwendung

Bevor im nachfolgenden Kapitel näher auf die Gestaltung von Logos eingegangen wird, müssen sich Gestalter/-innen darüber klar werden, wo Logos eingesetzt werden können. Hier muss man die ganze Bandbreite der Logoverwendung betrachten, auch wenn ein Kunde diese Breite eventuell selbst noch nicht im Auge hat.

Diese Grundüberlegung ist unbedingt anzustellen, wenn ein Logo neu entwickelt wird. Es ist wichtig, dass ein Logo von vornherein einen denkbar breiten Verwendungsbereich erhält. Es darf bei der Logogestaltung nicht passieren, dass ein Logo unbrauchbar wird, nur weil es für bestimmte Werbeaktionen nicht verwendbar ist. Ein Logo muss für möglichst viele in der Tabelle auf der rechten Seite aufgelisteten Medientypen nutzbar sein. Dabei ist es nicht erforderlich, dass Logos eines Unternehmens farblich gleich erscheinen. Wichtig ist, dass die Form und die Bildsymbolik immer einheitlich sind. Dazu müssen oftmals von einem Logo verschiedene Varianten gestaltet werden, die für die Nutzung in den verschiedensten Medien aufbereitet sind.

Typisches Beispiel für die Aufbereitung eines Logos ist die Abwandlung für die Nutzung bei Faxformularen, Stempeln oder Animationen.

Verwendungsmöglichkeiten von Logos					
Geschäftsdrucksa-chen	**Werbemittel**	**Verkaufsförderung**	**Verpackung**	**Out-of-Home-Werbung**	**Digitalmedien, Video/Film**
• Briefbogen • Briefumschlag • Formulare • Faxpapier • Rechnungen • Visitenkarten • Broschüren/Flyer • Firmenstempel • Urkunden • Präsentations-mappen	• Anzeigen • Aufkleber • Buttons • Fähnchen • Give-aways • Kalender • Kugelschreiber • Prospekte • Schirme • Werbesets • QR-Code	• Geschäfts-räume • Messestand • Displays • Plakate • Mailings • Werbefilm	• Tragetaschen • Flaschenetikett • Produktan-hänger • Klebeband • Transportkisten • Postpakete • Versandtaschen • Container • Verpackungspa-pier • Produktverpa-ckung	• Arbeitskleidung • Firmenwagen • Fahnen • Gebäude • Firmenschild • Leuchtreklame • Litfaßsäule • Einkaufswagen • Bus und Bahn • Stadion • Großflächenwer-bung	• Internetauftritt • Webbanner • Animation • Fernsehspot • Werbemail/News-letter • Werbefilm

4.3.3 Logofamilie

Unverwechselbarkeit ist die Voraussetzung, um einen hohen Bekanntheitsgrad zu erreichen und die Identität eines Unternehmens als Marke zu kommunizieren. Dies kann bereits als wesentliches Ziel für eine Corporate-Design-Strategie gelten. Dabei kommt, wie bereits verdeutlicht, dem Logo eine zentrale Bedeutung zu.

Vor allem für Unternehmungen und Organisationen mit weit verzweigten Produkt-, Organisations- und Handlungsfeldern kann es von großer Bedeutung sein, ein klares, markantes, aber variables Logo zu haben. Das Grund- oder Dachlogo steht für die Unternehmung, aber Teilbereiche werden durch Variationen des Logos optisch herausgehoben, ohne den Bezug zur Unternehmung zu verlieren. Derartige Logovariationen werden auch als Tochterlogos bezeichnet.

Die Entwicklung einer ausbaufähigen Logofamilie für unterschiedliche Bereiche einer Unternehmung ist ein anspruchsvolles Unterfangen. So gilt es, durch eine klare Formsprache und ein ansprechendes Farbklima integrative Lösungen zu finden. Die Ausbaufähigkeit eines Logos zur Logofamilie hat im Designprozess eine wichtige Bedeutung für zu entwickelnde Sublogos. Diese müssen eindeutig die Verwandtschaft zur Dachmarke erkennen lassen, sollten aber auch die untergeordneten Unternehmensteile klar als eigenständigen Bereich der Dachmarke verdeutlichen. Ein Beispiel für solch eine Logofamilie ist unten abgebildet.

Logofamilie TUI

Das Logo der Dachmarke TUI mit den Logos der Unternehmensbereiche „TUICruises“ und „TUIfly.com“

Logofamilie ARD

Das Buchstabenzeichen der Dachmarke ARD mit Logos von zugehörigen Fernsehsendern

Logofamilie der Stiftung Warentest

Links oben die Dachmarke, rechts daneben das Logo des Online-Auftritts test.de, links unten das Logo der Zeitschrift test, rechts daneben das Logo der Zeitschrift Finanztest

Textliche Unterscheidungen
Häufig bietet sich für die Erweiterung eines bestehenden Logos zur Logofamilie eine textliche Differenzierung oder Erweiterung an. Wenn der Unternehmensname im Logo erscheint, kann dieser Unternehmensname umgewandelt oder entsprechend ergänzt werden. Eine farbliche Unterstützung ist denkbar, um den jeweiligen Unternehmensbereich zusätzlich gesondert hervorzuheben.

Farbliche Unterscheidung
Hierbei wird die Unterscheidung durch eine Veränderung der Farbe des Dachlogos herbeigeführt. Es wird die gleiche Logoform mit unterschiedlichen Farben belegt, um das Unternehmen und seine Gruppen darzustellen. Die ist auch möglich, wenn aus dem Dachlogo einzelne Elemente herausgenommen und farbig anders dargestellt werden. Die Farbunterschiede eines unternehmenstypischen Farbfächers repräsentieren dann die verschiedenen Unternehmensbereiche. Eine Kombination aus textlichen und farblichen Unterscheidungen bietet sich an.

Gelungene Logofamilien
Die beiden auf dieser Seite dargestellten Logofamilien zeigen auf unterschiedliche Weise, wie die Verwandtschaft zur Dachmarke visuell gewahrt werden kann und die Logos der Unternehmensbereiche dennoch eine Eigenständigkeit besitzen. Während bei der ARD nur die charakteristische „1" im Kreis beibehalten wird, wird bei der Stiftung Warentest nur die Farbe verändert und ein Textzusatz eingefügt.

4.4 Gestaltung von Logos und Signets

Die Logogestaltung unterliegt, wie dies bei anderen Gestaltungsaufgaben auch der Fall ist, einer gewissen logischen Arbeitsabfolge. Diese könnte im Idealfall wie folgt aussehen:

- Briefing
- Problemanalyse
- Ideenfindung
- Kreativphase
- Zeichnen, Scribbeln, Abstraktion
- Entwurf und Umsetzung der Ergebnisse am Computer
- Kundenpräsentation
- Markt- und Zielgruppentest
- Ggf. Überarbeitung

Logogestaltung ist ein schwieriger und aufwändiger Prozess, der Ausdauer und häufige Gespräche zwischen Kunden und Designer notwendig macht. Aber nur so gelingen erfolgreiche Logos.

4.4.1 Gestaltungsanfang

Vor dem kreativen Arbeiten steht die Information: Briefing, Problemanalyse und Ideenfindung sollten in weiten Teilen zusammen mit dem Kunden durchgeführt werden. Der Kunde muss die Idee seiner Unternehmung, seiner Produkte oder Dienstleistungen exakt definieren. Nur wenn Sie die Ideen und Vorstellungen Ihres Kunden zu seiner Firma, seinen Produkten und seinen Zielvorstellungen kennen, ist es Ihnen möglich, ein dazu passendes Logo zu gestalten. Das Logo muss die Unternehmensidee und deren Produkte transportieren. Stellen Sie sich dazu die folgenden Fragen:

- Was soll das neue Logo ausdrücken?
- Welche grafische Grundform passt zum Unternehmen und kann genutzt werden?
- Muss Bild-/Grafikmaterial verwendet werden?

Logoscribbles

Scribbles für die fiktive Fahrschule „1·2·drive"

- Wenn ja, wie kann es abstrahiert werden?
- Welche Assoziationen entstehen beim Betrachter, wenn bestimmte grafische Elemente und Farben für ein Unternehmen genutzt werden?

4.4.2 Entwurf und Umsetzung

Nach den ersten Absprachen, Scribbles und deren Weiterentwicklung wird die Umsetzung angegangen. Hier sind wiederum von allen Beteiligten eine Reihe von Fragen kritisch zu betrachten:

- Lässt sich die gefundene Logoidee ausbauen und noch anderweitig verwenden?
- Bestehen Ähnlichkeiten zu anderen Logos?
- Ist etwas Ähnliches bereits als Marke eingetragen und geschützt?
- Welche Abstraktionen lassen sich zum Thema entwickeln?
- Besteht eventuell eine Verwechslungsgefahr mit Mitbewerbern?
- Lässt sich das gefundene Logodesign verändern, erweitern, umgestalten?
- Womit kann die gefundene Logoidee ersetzt werden – gibt es Alternativen?
- Sind die Farben passend zum Unternehmen und dessen Leistungen und Ideen gewählt?

- Wie wird das Logo in unterschiedlichen Größen und Medienanwendungen wirken?
- Gibt es andersartige Möglichkeiten der Logodarstellung, z. B. in übertriebener Darstellung bezüglich Farbe, Schrift oder Bild?
- Kann die Logoidee mit anderen Ansätzen kombiniert werden zu einem anderen Design?

Wenn derartige Fragestellungen auf einen oder mehrere Entwürfe angewendet werden, lassen sich sehr schnell gute von weniger geeigneten Vorstellungen trennen und es lassen sich neue Varianten entwickeln.

4.4.3 Technische Umsetzung

Nach der kreativen Entwicklung liegen zumeist Zeichnungen vor, die mit dem Computer in ein digitales Logo umgesetzt werden. Dabei unterscheidet man mehrere grundlegende Arten, wie an die Realisierung eines Logos herangegangen wird. Ein Entwurf kann eingescannt und nachgezeichnet werden, hierbei sind noch Spielräume hinsichtlich Proportion und Gestaltung gegeben. Abweichungen im Sinne einer Optimierung der Scanvorlage sind problemlos möglich.

Mehr Freiheit besteht, wenn der Entwurf ohne Scannen am Computer umgesetzt wird. Hierbei ist die Kreativität des Designers gefordert. Einzelne Logobestandteile werden entwickelt, modifiziert und am Computer zum Logo zusammengebaut.

Fertiges Logo

Das am Computer umgesetzte Logo der fiktiven Fahrschule „1·2·drive" in unterschiedlichen Größen. Bei der kleinsten Darstellung wurde eine einfarbige, schwarze Variante des Logos gewählt.

Schutzzone

Schutzzone eines Logos, am Beispiel der fiktiven Fahrschule „1·2·drive". Hier wurde als Abstand die Mittellänge des Wortzeichens gewählt.

4.4.4 Farbe im Logo

Bedeutendes Element eines Logos ist die Farbe. Die Funktionen der Farbe sind:

- Aufmerksamkeit wecken
- Identifikation mit dem Produkt
- Steigerung des Kaufanreizes durch Verwendung bestimmter Farbkombinationen
- Hervorrufen bestimmter Assoziationen durch Farben (Grün steht z. B. für Erholung und Frische, Blau für Technik)
- Erzeugung einer positiven Grundstimmung für ein Markenprodukt

4.4.5 Schutzzone

Um eine optimale Wirkung eines Logos zu gewährleisten, ist ein Logo – wie links dargestellt – von einer Schutzzone umgeben. Innerhalb dieser Zone dürfen keine weiteren grafischen Elemente oder Schriftzeichen platziert werden. Diesen Platz benötigt ein Logo, um seine Wirkung möglichst gut entfalten zu können.

4.4.6 Aufbau des Logos

Bei dem kombinierten Zeichen gibt es verschiedene Möglichkeiten, Bild- und Wortzeichen anzuordnen.

Lok-Prinzip A
Das Bildzeichen steht vor dem Wortzeichen. So zieht das Bildzeichen das Wortzeichen wie eine Lokomotive.

Schub-Prinzip B
Das Bildzeichen steht hinter dem Wortzeichen. Das Bildzeichen schiebt das Wortzeichen.

Star-Prinzip C
Das Bildzeichen leuchtet wie ein Stern (meist zentriert) über dem Wortzeichen.

Anker-Prinzip D
Das Bildzeichen hängt (meist zentriert) unter dem Wortzeichen.

Triebwagen-Prinzip E
Das Bildzeichen steht innerhalb des Wortzeichens. Dabei sollte das Wortzeichen möglichst in sinnvolle Teile „zerlegt" werden.

Logoaufbau
- A Lok-Prinzip
- B Schub-Prinzip
- C Star-Prinzip
- D Anker-Prinzip
- E Triebwagen-Prinzip

4.4.7 3D-Logos

Eine neuere Erscheinung sind 3D-Logos. Farbverläufe, die eigentlich in Logos tabu sind – weil sie bei manchem Verwendungszweck nicht darstellbar sind (z. B. Fax) –, sorgen für eine 3D-Wirkung. Unten sind vier Beispiele für 3D-Bildzeichen dargestellt, in vielen Fällen existiert zusätzlich für die universelle Einsetzbarkeit eine Variante ohne Farbverlauf.

3D-Zeichen
Von links:
- Xerox
- reddot
- Commerzbank
- Xbox

4.4.8 Logo-Relaunch

Es gibt viele Gründe, sich für die Überarbeitung eines Logos – meist verbunden mit einem neuen Corporate Design – zu entscheiden, hier einige Beispiele:

- Anpassung an den Zeitgeist
- Beseitigung von Gestaltungsmängeln
- Imagewechsel
- Neue Zielgruppe
- Firmenfusion
- Änderung der Unternehmensausrichtung

Ein Relaunch (auch Redesign oder Rebranding) ist eine große Herausforderung. Einerseits gilt es, die Kundenbedürfnisse umzusetzen, andererseits darf der Wiedererkennungswert um keinen Preis verloren gehen. Damit der Wiedererkennungswert gewährleistet ist, müssen einzelne oder mehrere gestalterische Elemente (Bildelement, Typografie, Farben) erhalten bleiben.

Generell sollte ein Logo-Relaunch wohlüberlegt sein und nur im Rhythmus von mehreren Jahren durchgeführt werden. Meist gilt die Regel: Je zeitloser ein Logo gestaltet wurde, desto seltener muss es überarbeitet werden. Ein gutes Beispiel hierfür ist sicherlich das Lufthansa-Logo, das seit 1964 unverändert eingesetzt wird.

Relaunch-Beispiele

Von kaum merklicher Überarbeitung bis zur mutigen Neugestaltung ist alles möglich.

Die nebenstehend abgebildeten Beispiele für Logoüberarbeitungen zeigen auf unterschiedliche Weise, wie ein Logo-Relaunch durchgeführt werden kann.

Eine dezente Überarbeitung, wie bei VISA, fällt vermutlich vielen Menschen nicht einmal auf, ein mutiger Relaunch, wie bei Logitech, hingegen birgt die Gefahr, den Wiedererkennungswert zu verlieren, da bis auf Name und Farbgebung nichts beibehalten wurde. Bei allen abgebildeten Beispielen ist es gelungen, das Erscheinungsbild des Logos zu modernisieren.

Generell lässt sich beobachten, dass der Trend zum Flatdesign und zur Reduktion von Details weiterhin anhält. Auch stellt man fest, dass bei den hier gezeigten neuen Logos statt Groß-/Kleinschreibung nur noch ausschließliche Klein- oder Großschreibung vorkommt.

4.4.9 Logo-Checkliste

Größe und Darstellung

Ist das Logo ...

- ☐ kompakt (ideal ist ein quadratisches Seitenverhältnis)?
- ☐ in der Standardgröße für Geschäftsdrucksachen gut lesbar?
- ☐ in extremer Verkleinerung (z. B. auf 2 cm) gut lesbar und erkennbar?
- ☐ in der Vergrößerung gut erkennbar und optisch gleich in der Wirkung?
- ☐ körperlich, z. B. für ein Firmenschild, darstellbar?
- ☐ als 3D-Variante (Webseite/Animation) denkbar?

Farbe

Ist das Logo ...

- ☐ in Schwarz-Weiß (Fax) verwendbar?
- ☐ als Graustufenbild nutzbar?
- ☐ frei von Farbverläufen?
- ☐ im Internet und im Druck in vergleichbaren Farben reproduzierbar (Aufkleber, Leuchtreklame, Autowerbung)?
- ☐ aus möglichst wenigen, universell einsetzbaren Farben aufgebaut?
- ☐ negativ und positiv nutzbar?

Schrift

Verwendet das Logo ...

- ☐ die Hausschrift des Kunden?
- ☐ eine passende Schrift zu Unternehmen und Produkt(en)?
- ☐ eine von Konkurrenzunternehmen abgehobene Schrift?
- ☐ eine unverwechselbare Schrift?

Bild

Ist das Bild ...

- ☐ ausreichend abstrahiert, stilisiert und reduziert?
- ☐ alleine verwendbar?
- ☐ auch bei starker Verkleinerung erkennbar und drucktechnisch nutzbar?
- ☐ für alle Geschäftsbereiche einer Unternehmung einsetzbar?

Logoverwendung

Ist das Logo ...

- ☐ für alle Werbemittel einsetzbar?
- ☐ für alle Druckverfahren geeignet?
- ☐ leicht und schnell zu erkennen?
- ☐ in einer „Edelvariante" (z. B. mit Lack oder Prägung) denkbar?
- ☐ auch ohne Leistungsaussagen (wie z. B. „Fahrschule") eindeutig den Leistungen zuzuordnen?
- ☐ charakteristisch, so dass eine hohe Einprägsamkeit und Wiedererkennbarkeit gegeben ist?
- ☐ optisch ansprechend, kann es als Eyecatcher fungieren?
- ☐ glaubwürdig?
- ☐ innovativ?
- ☐ animationsfähig?
- ☐ vektorisiert?
- ☐ in sich harmonisch?
- ☐ im Vergleich zu anderen Logos und den Mitbewerbern einmalig und unverwechselbar?
- ☐ mit anderen Werbe- und Informationselementen des Kunden kombinierbar?
- ☐ langfristig einsetzbar und nicht zu modisch in der Erscheinung?
- ☐ markenrechtlich schützbar und verletzt keine anderen Rechte?

Imageprüfung

Repräsentiert das Logo ...

- ☐ die Erwartungen des Kunden?
- ☐ die Werte und Ziele des Unternehmens?
- ☐ den Leistungsumfang und die Kompetenz des Unternehmens?
- ☐ das bestehende Corporate Design des Unternehmens und der Branche?
- ☐ die Erwartungen der Zielgruppe(n)?

Hinweis zur Checkliste

Es wird kein Logo geben, das alle Punkte perfekt erfüllt, jedoch kann man mit dieser Checkliste die Schwächen eines Logos recht gut entlarven.

4.5 Kreativitätstechniken

Nach Auftragseingang und dazugehörendem Briefing müssen Kreative aktiv werden. Kreativitätstechniken, die „Kreativität auf Knopfdruck" ermöglichen, sind dabei nützlich. Diese Techniken lassen uns chaotisch denken und von gewohnten Pfaden abweichen. Hier zwei Methoden, die sich besonders gut bei der Logoentwicklung anwenden lassen.

4.5.1 Morphologische Matrix

„Morphologie" bezeichnet die Entwicklung von Form, Gestalt und Struktur bzw. deren Veränderungen.

Die morphologische Matrix (auch „morphologischer Kasten" genannt) ist eine systematische, analytische Kreativitätstechnik, die nach dem Schweizer Astrophysiker Fritz Zwicky auch „Zwicky-Box" genannt wird.

Anwendung
- Strukturierte Ideenfindung
- Neukombination von Ideen
- Problemlösung (auch visuell)

Ausrüstung
- Formblätter
- Stifte

Durchführung
Zuerst werden Parameter festgelegt, die die Merkmale des Problemfeldes benennen, diese werden untereinander, als Zeilentitel, geschrieben. Die Verwertbarkeit der Ergebnisse ist stark von der Auswahl dieser Merkmale abhängig.

Dann werden alle möglichen Ausprägungen der gewählten Merkmale rechts daneben in die Zeilen geschrieben. So entsteht eine Matrix, in der jede Kombination von Ausprägungen aller Merkmale eine theoretisch mögliche Lösung ist. Die Ausprägungen können, z. B. bei der Logogestaltung, auch aus Skizzen bestehen. Nun wird eine Kombination von Ausprägungen ausgewählt. Dieser Auswahlprozess kann auch mehrmals durchgeführt werden.

Eine morphologische Matrix kann in Einzelarbeit oder in einer kleinen Gruppe durchgeführt werden.

4.5.2 Brainstorming

Brainstorming wurde von Alex F. Osborn, einem Werbemann, 1953 in den USA entwickelt. Die Methode eignet sich für einfache Fragestellungen, bei denen eine große Anzahl und Streuung an Ideen erwünscht ist.

Anwendung
- Schnelle Ideenfindung
- Problemlösung

Ausrüstung
- Medium zum Protokollieren und Visualisieren der Ideen

Durchführung
Der Initiator des Brainstormings formuliert das Thema als aktive Frage. Sie kann weit oder eng formuliert werden. Die Gruppe assoziiert frei. Alle Beiträge werden protokolliert. Dabei sind einige Regeln einzuhalten:
- Alle Ideen sind erlaubt – je fantastischer umso besser.
- Kritik und Wertung sind verboten.
- Kommentare sind verboten.
- Jede Idee ist eine Leistung der Gruppe.
- Jeder soll so viel Ideen wie möglich entwickeln („Quantität vor Qualität").
- Jeder soll seine Ideen schnell und ungehemmt formulieren.

Bei der anschließenden Auswertung ist erstmals Kritik erlaubt. Die gesammelten Ideen werden in der Gruppe nach

Morphologische Matrix
am Beispiel einer Logoentwicklung für den Friseursalon „Cut" in Bayern

drei Kriterien gegliedert:

- Realisierbare Ideen
- Ideen, die nach einer Bearbeitung realisiert werden können
- Nicht oder nur schwer realisierbare Ideen

4.5.3 Methode 6-3-5 (Brainwriting)

Die Methode 6-3-5 ist die bekannteste Technik des Brainwritings. Dabei kombiniert das Brainwriting die Vorteile des Brainstormings mit denen kreativer Schreibtechniken. Die 6-3-5-Methode wurde 1969 von Bernd Rohrbach entwickelt.
Vorteile dieser Methode sind, dass

- alle Teilnehmer aktiv werden müssen,
- alle Teilnehmer in Ruhe selbst überlegen können,
- alle Teilnehmer sich durch die Ideen der anderen anregen lassen und
- alle Ideen dokumentiert werden.

Anwendung

- Strukturierte Ideenfindung
- Problemlösung

Ausrüstung

- Formblätter
- Stifte

Durchführung
Der Leiter des Brainwritings bereitet Formblätter mit der Fragestellung vor. 6 Teilnehmer schreiben 3 Lösungsvorschläge in 5 Minuten auf ein Formblatt. Danach gibt jeder sein Formblatt an seinen Nachbarn weiter. Dieser entwickelt die Idee weiter oder schreibt eine völlig neue Idee auf.

Nachdem jeder jedes Formular bearbeitet hat, ergeben sich bei 6 Teilnehmern 108 Vorschläge. Natürlich kann die Teilnehmerzahl, die Bearbeitungszeit und die Zahl der geforderten Lösungen pro Runde auch variiert werden.

6-3-5-Methode
Formblatt zur Durchführung der 6-3-5-Methode

635	Fragestellung		
	1. Idee	2. Idee	3. Idee
Teilnehmer 1			
Teilnehmer 2			
Teilnehmer 3			
Teilnehmer 4			
Teilnehmer 5			
Teilnehmer 6			

4.6 Aufgaben

1 Logotypen nennen

Zählen Sie die verschiedenen Typen von Logos auf.

1.

2.

3.

4.

5.

2 Begriff „Logo" erklären

Erklären Sie den Begriff „Logo" und nennen Sie bekannte Logos als Beispiele für diesen Begriff.

Begriff Logo:

Beispiele:

3 Begriff „Signet" erklären

Erklären Sie den Begriff „Signet" und beschreiben Sie die Herkunft dieses Begriffes.

Begriff Signet:

Herkunft:

4 Logotypen erklären

Erklären Sie die Begriffe „Wortzeichen", „Buchstabenzeichen" und „Zahlenzeichen".

Wortzeichen:

Buchstabenzeichen:

Zahlenzeichen:

5 Begriff „Wort-Bild-Marke" erklären

Erklären Sie, was man unter einer „Wort-Bild-Marke" versteht.

6 Logofunktionen beschreiben

Welche zwei Funktionen weist ein Logo für ein Unternehmen immer auf? Beschreiben Sie, wie diese Funktionen für eine Unternehmung, eine Behörde oder einen Verein erreicht werden können.

7 Logofunktionen beschreiben

Erklären Sie an einem selbstgewählten Beispiel die Funktion eines Logos für das Unternehmen. Gehen Sie dabei auf das Markenimage und die Identifikation zwischen Logo und Produkt ein.

8 Begriff „Schutzzone" erklären

Erklären Sie, worum es sich bei einer „Schutzzone" für Logos handelt.

9 Aufbaumöglichkeiten von Logos nennen

Nennen und beschreiben Sie die Prinzipien beim Aufbau eines Logos.

1.

2.

3.

4.

5.

10 Begriff „Relaunch" erklären

Erklären Sie, worum es sich bei einem „Relaunch" bei Logos handelt, und beschreiben Sie, welche Logofunktion dabei unbedingt erhalten bleiben muss.

Begriff Relaunch:

Zu erhaltende Logofunktion:

11 Morphologische Matrix beschreiben

Beschreiben Sie, wie die morphologische Matrix angewendet wird.

12 Morphologische Matrix anwenden

Der Mobilfunkanbieter MyNET beauftragt Sie mit der Logogestaltung. Legen Sie passende Merkmale fest und ergänzen Sie Ideen bzw. Visualisierungen in der unten abgebildeten Matrix.

Merkmale	Ideen/Visualisierungen			

13 Brainstorming erläutern

a. Zu welchem Zweck wird ein Brainstorming durchgeführt?

b. Nennen Sie vier Regeln zur Durchführung eines Brainstormings.

1.

2.

3.

4.

14 6-3-5-Methode erläutern

Beschreiben Sie, wie die 6-3-5-Methode funktioniert.

5.1 Ursprung der Infografik

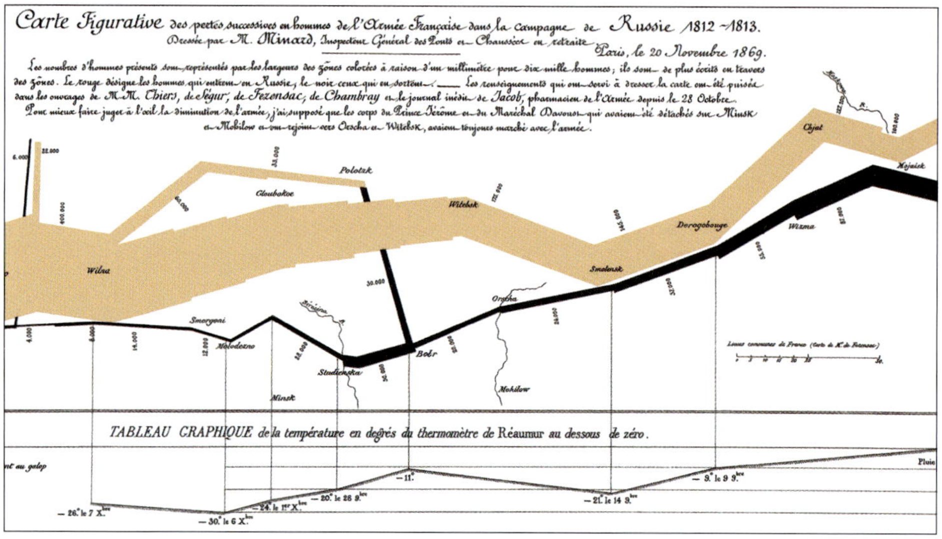

Frühe Infografik (1869)

Visualisierung von Daten zum Russlandfeldzug Napoleons

„Ein Bild sagt mehr als tausend Worte" – ein Satz, den Sie vermutlich schon nicht mehr hören können. Und doch – ein Bild, eine gute Grafik übt auf den Leser einer Publikation einen geradezu magischen Reiz aus. Wie unattraktiv wirken bloße Zahlen oder eine Datentabelle im Vergleich zu einer gut gestalteten Informationsgrafik.

Entwicklung der Informationsgrafik

Als eine der ersten Informationsgrafiken, die komplexe Zusammenhänge darstellt, wird die unten abgebildete Grafik des französischen Bauingenieurs Charles Joseph Minard (* 27. März 1781 in Dijon; † 24. Oktober 1870 in Bordeaux) betrachtet. Die Grafik trägt den Titel „Carte figurative des pertes successives en hommes de l'Armée Française dans la campagne de Russie 1812-1813". Die Grafik thematisiert den Russlandfeldzug Napoleons von 1812/1813, wurde bereits im Jahre 1869 im Format 60 x 30 cm erstellt und beinhaltet folgende Informationen:

- Position und Marschrichtung der verschiedenen Armeeteile
- Abtrennungen und Vereinigung von Truppenteilen
- abnehmende Stärke der Armee nach dem Rückzug von Moskau und die jeweiligen Orte großer Verluste
- ungewöhnliche Kälte, die den militärischen Rückzug enorm schwierig und verlustreich gestaltete

Die (übersetzte) Legende: Die Anzahl der Soldaten wird durch die Breite der farbigen Bereiche dargestellt, wobei ein Millimeter zehntausend Männern entspricht; sie ist zusätzlich im Verlauf der Bereiche beschriftet. Rot (Braun) bezeichnet die Soldaten, die nach Russland einmarschieren, schwarz diejenigen, die es verlassen.

Weiter werden in der Legende die Quellen, die der Informationsdarstellung zugrunde liegen, beschrieben. Diese außergewöhnliche Informationsgrafik vermittelt in einer einzigen Darstellung die oben genannten

Informationen auf einen Blick. Informationsgrafiken wurden in der Folge vor allem zur Darstellung technischer Sachverhalte eingesetzt. So existiert eine Vielzahl früher technischer Zeichnungen, die z. B. bei der Konstruktion von Maschinen oder beim Bau von Fabrikhallen erstellt wurden.

Das Erstellen von Informationsgrafiken war aufwändig, langwierig und teuer. Daher gerieten diese Grafiken für die Verwendung bei breiten Lesergruppen wieder in Vergessenheit.

Mit dem Buch „Gesellschaft und Wirtschaft. Bildstatistisches Elementarwerk" haben Otto Neurath und Gerd Arntz Daten zu Produktionsformen, Gesellschaftsordnungen, Kulturstufen und zur Lebenshaltung auf 100 farbigen Bildtafeln in Form von Infografiken visualisiert. Das Buch ist 1930 erschienen und gilt als ein Meilenstein bei der Entwicklung der Infografiken. Seit den 40er Jahren haben dann Informationsgrafiken einen festen Stellenwert in den Zeitungen erhalten. Vor allem die Truppenbewegungen auf den Kriegsschauplätzen des Zweiten Weltkrieges führten insbesondere in den englischsprachigen Ländern zur Akzeptanz der Informationsgrafik. Jeder Leser konnte das militärische Geschehen mit Grafikhilfe leichter nachvollziehen.

In den 70er Jahren wurden die Infografiken dann Hilfsmittel für den eiligen Zeitungsleser und sind seither fester Bestandteil in Zeitungen, Magazinen und Zeitschriften aller Art.

Die Erstellung von Informationsgrafiken hat sich zwischenzeitlich zu einer eigenständigen Disziplin neben dem Bild- und Textjournalismus entwickelt.

Geschulte Informationsdesigner, Infografiker oder Newsdesigner bereiten Informationen aller Art so auf, dass Informationen visuell gut dargestellt sind und die Leser diese schnell, sicher und korrekt aufnehmen können.

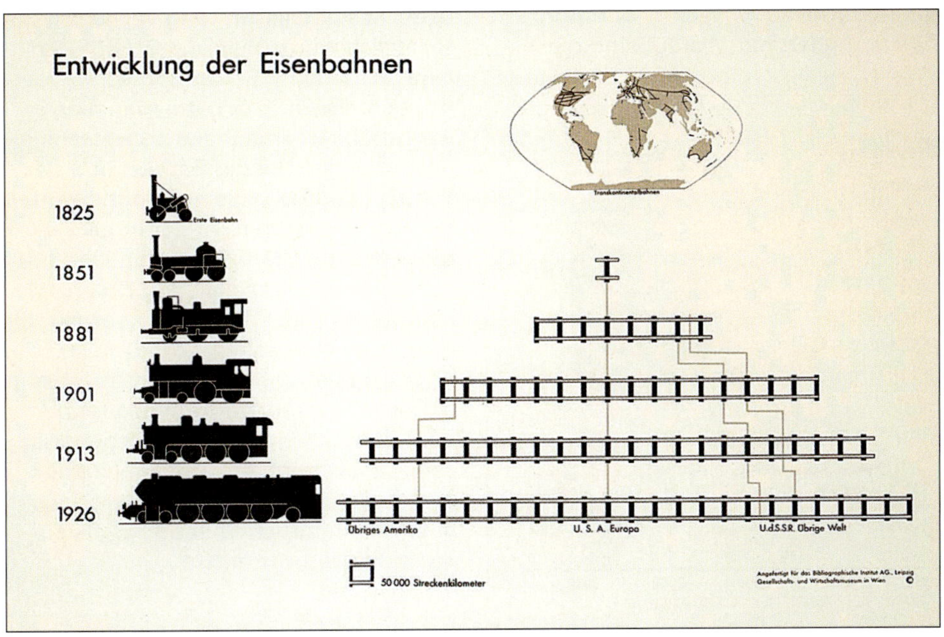

Frühe Infografik (1930)

Mengenvisualisierung über die „Entwicklung der Eisenbahnen" von Gerd Arntz

5.2 Die Macht von Infografiken

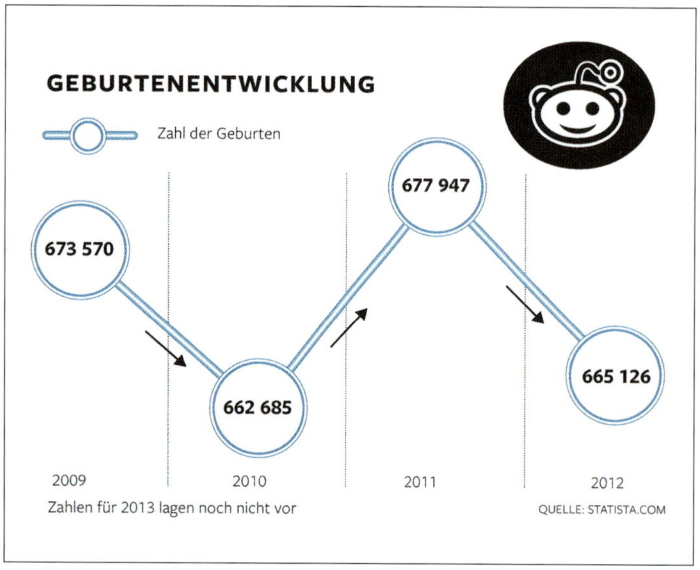

Infografikbeispiel
Geburtenentwicklung in Deutschland, 2009 bis 2012

Infografikbeispiel
Anzahl der Bienenvölker in Deutschland, 1951 bis 2010

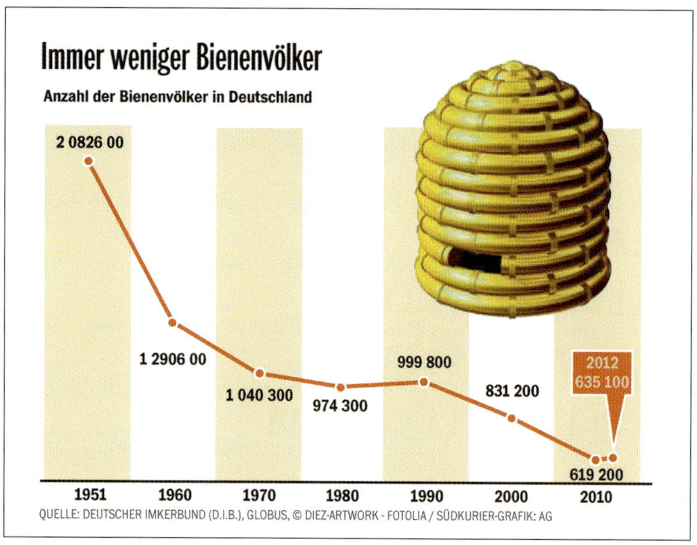

Eine Infografik kann schon auf den ersten Blick Entwicklungen und Verhältnisse vermitteln. So wird bei der oberen Infografik sofort klar, dass sich die Anzahl der Geburten in Deutschland im Zeitraum 2009 bis 2012 sprunghaft verändert hat. Worauf sind diese starken Veränderungen zurückzuführen? Massive Stromausfälle? Erhöhung des Kindergeldes? Schauen wir uns das Diagramm genauer an, dann stellen wir fest, dass der erste Blick uns getäuscht hat, berechnet man die tatsächlichen Veränderungen, dann hat sich die Geburtenzahl 2010 im Vergleich zu 2009 um lediglich 1,6 %, 2011 um 2,3 % und 2012 um 1,9 % verändert.

Üblicherweise verlässt sich der Leser einer Zeitung darauf, dass der Gestalter der Infografik die Daten so objektiv wie möglich präsentiert. Bei der Infografik zur Geburtenentwicklung wurde der Nullpunkt „abgeschnitten", es wurde sogar ganz auf eine vertikale Achsenbeschriftung verzichtet. Das Weggelassen des Nullpunktes ist sinnvoll, um eine Veränderung sichtbar zu machen, aber eine weniger sprunghafte Darstellung wäre sicherlich passender gewesen.

Bei der unteren Infografik zur Anzahl der Bienenvölker in Deutschland wurde wie bei der oberen Grafik auf die vertikale Achsenbeschriftung verzichtet, zusätzlich wurde hier in der Vertikalen eine nichtlineare Skalierung verwendet. Auf den ersten Blick hätte man hier vermutet, dass die Biene nahezu ausgestorben ist. Bei der Betrachtung der Zahlen bleibt es bei einem signifikanten Rückgang, jedoch nicht derart gravierend, wie die Grafik vermuten lässt. Ein nichtlineares Darstellen von Daten, wie im unteren Fall, findet man aber glücklicherweise eher selten.

Der Gestalter einer Infografik muss sich seiner Verantwortung gegenüber dem Betrachter der Infografik bewusst sein. Dieser wird der Grafik meist nur wenig Zeit widmen, daher muss auch der erste Eindruck einer Infografik ein korrektes Bild vermitteln.

5.3 Infografik als Bildstatistik

Einsatzmöglichkeiten der verschiedenen Infografiktypen

	Kreisdiagramm	Balkendiagramm	Säulendiagramm	Liniendiagramm	Punktdiagramm
Anteile Daten sind Teil eines Ganzen					
Rangfolge Daten stehen im Vergleich (ohne zeitlichen Bezug)			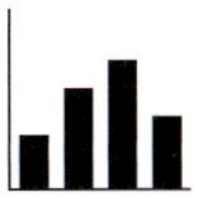		
Entwicklung Daten stehen im Vergleich (mit zeitlichem Bezug)			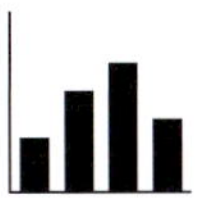		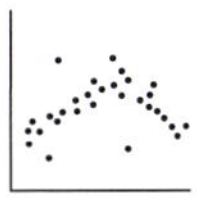
Mischformen Daten mit mehreren Beziehungen		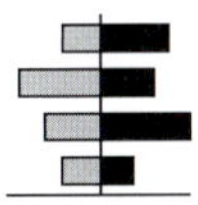	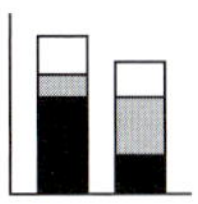		

Täglich werden wir in Zeitungen, in Broschüren, in Büchern, im Fernsehen und auf Internetseiten mit Informationsgrafiken konfrontiert. Sie haben den Zweck, den Betrachter auf Sachverhalte hinzuweisen und ihm einen schnellen Überblick über zum Teil komplexe und abstrakte Sachverhalte zu geben. Infografiken sollen beim Betrachter Aufmerksamkeit erregen und wesentliche Informationen vermitteln. Wie Bilder und Texte sind diese Grafiken ein Teil visueller Kommunikation.

Die Wahl der richtigen Darstellung ist Bedingung dafür, dass eine Infografik schnell und richtig verstanden wird. Die obere Tabelle zeigt, für welchen Datentyp welche Art von Infografik geeignet ist. In manchen Fällen sind verschiedene Darstellungsarten möglich. Die Zeitachse sollte grundsätzlich die Horizontale sein, da dies unseren Gewohnheiten entspricht. Alternativ sind auch weitere Infografiktypen denkbar, wie z. B. die hier abgebildete Mischung zwischen einem Säulendiagramm und einem Isotypdiagramm:

Infografik zur Lebenserwartung in Deutschland

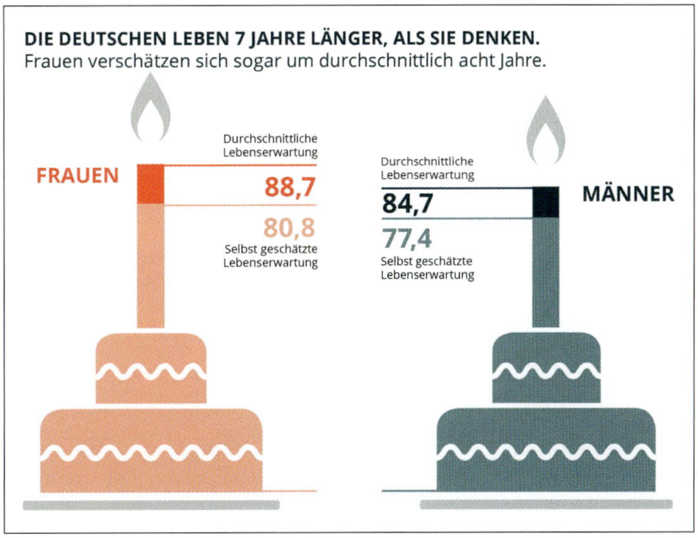

5.3.1 Klassische Bildstatistik

Die bekannteste Infografik ist die Bildstatistik. Die Aufgabe einer Bildstatistik ist es, Kennzahlen verständlich und optisch ansprechend zu visualisieren. Dabei ist es von Bedeutung, dass die Kennzahlen in der Grafik eindeutig definiert und angegeben sind. Visualisiert werden meist:

- Anteile
- Rangfolge
- Entwicklung
- Vergleiche

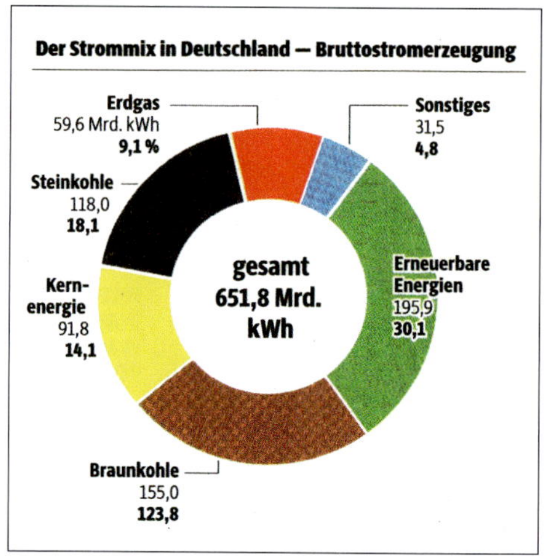

Kreisdiagramm

Stromzusammensetzung in Deutschland

Kreisdiagramm

Kreis- bzw. Tortendiagramme sind eine verbreitete Visualisierung von Daten. Kreisdiagramme werden immer dann eingesetzt, wenn Anteile an einem Gesamten gezeigt werden sollen, meist handelt es sich dabei um prozentuale Anteile. Ein Nachteil ist, dass die Darstellung sehr unpräzise ist und nur über die Beschriftung eine exakte Aussage getroffen werden kann.

Kreisdiagramme werden häufig zur Darstellung von Umfrageergebnissen verwendet. Mit dem Begriff „Kreisdiagramm" ist die zweidimensionale Darstellung gemeint, mit „Tortendiagramm" wird die dreidimensionale Variante bezeichnet.

Balkendiagramm

Bei diesem Diagrammtyp werden die Daten in waagrechten Balken abgetragen, er eignet sich vor allem für den Vergleich von Werten, bei denen es nicht auf die Ablesbarkeit exakter Werte ankommt. Balkendiagramme werden vorwiegend zum Vergleich von Daten verwendet.

Balkendiagramm

Länge von Radwegen (in Kilometer pro Quadratkilometer Stadtfläche)

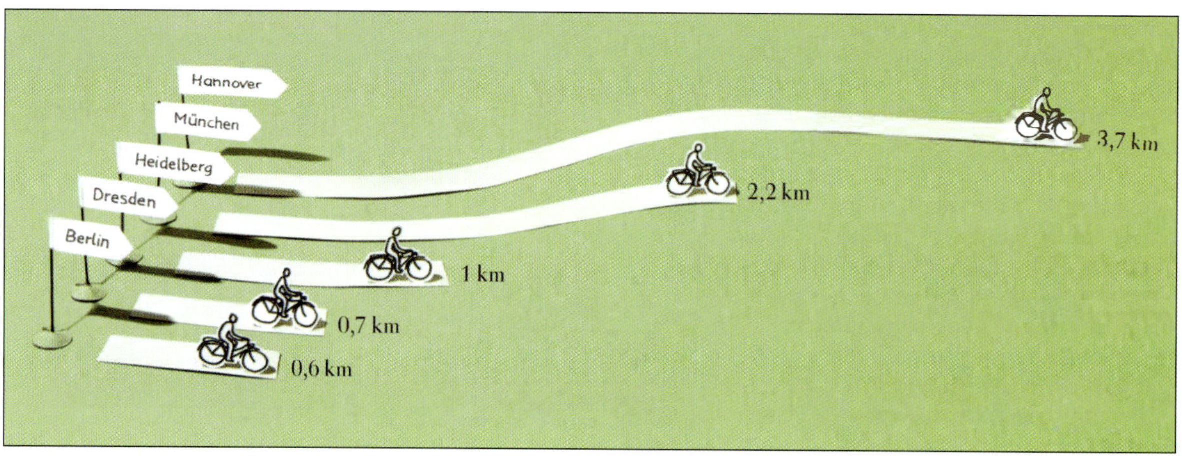

Säulendiagramm
Bei Säulen- bzw. Stabdiagrammen werden Werte vertikal abgetragen; die Breite der Stäbe hat keine quantitative Aussage, sie dient lediglich zur besseren Visualisierung. Die Bezeichnung „Säulendiagramme" steht dabei für eine dreidimensionale, „Stabdiagramme" für eine zweidimensionale Darstellung.

Säulen- bzw. Stabdiagramme sind sehr gut geeignet, um Werte miteinander zu vergleichen oder die zeitliche Entwicklung von Werten zu visualisieren. Säulendiagramme werden vor allem für komplexere Wertevergleiche verwendet, unterscheiden sich in Gestaltung und Anwendung aber nur unwesentlich vom Balkendiagramm.

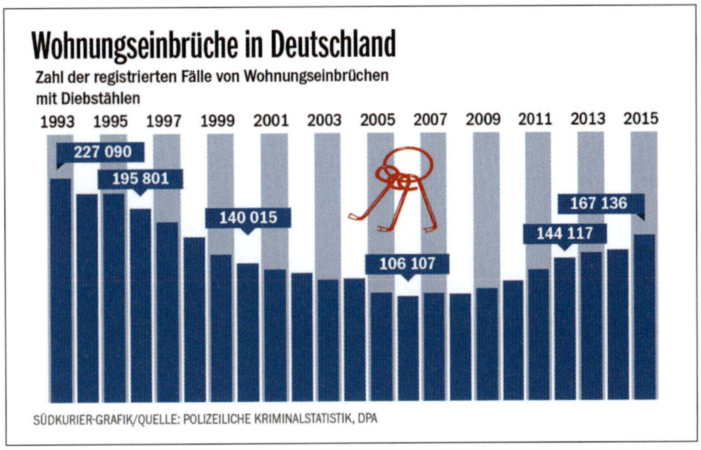

Stabdiagramm
Entwicklung der Anzahl an Wohnungseinbrüchen in Deutschland

Liniendiagramm
Kurven-, Flächen- oder Liniendiagramme stellen Mittelwerte dar. Man kann sich eine solche Kurve auch als Aneinanderreihung unendlich vieler Werte vorstellen.

Der Kurvenverlauf kann ebenso wie die Fläche unter der Kurve mathematisch beschrieben werden. Diese Diagramme haben den Vorteil, dass aus ihnen relativ exakte Werte abgelesen werden können. Diagramme dieser Art sind jedoch auch schwieriger zu lesen, weil hier die Kenntnis von Achsenbezeichnungen und Einheiten nötig ist, um brauchbare Schlüsse zu ziehen.

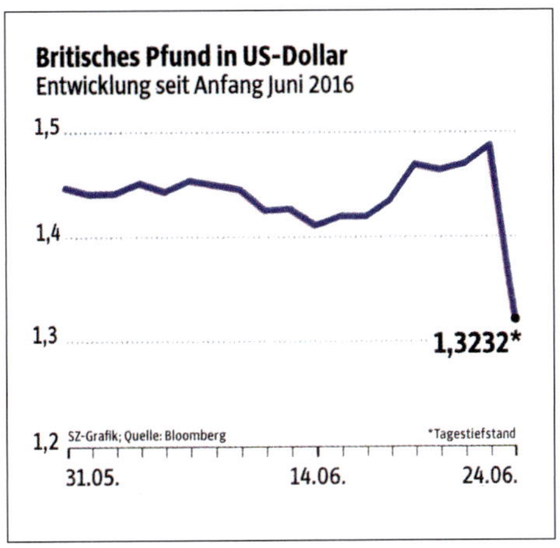

Liniendiagramm
Wechselkurs mit signifikanter Veränderung (am 24.06.16 hat das britische Volk für den Brexit gestimmt)

Punktdiagramm
Bei Punkt- bzw. Streudiagrammen werden einzelne Daten in einem Koordinatensystem eingetragen, die Daten werden durch Punkte markiert und bei geeigneten Messwerten lassen sich Häufungen oder Tendenzen erkennen. Dieser Diagrammtyp wird auch Streudiagramm genannt, weil alle Werte – also die gesamte Streuung der Werte – zu sehen sind. Bei anderen Diagrammen werden oft Mittelwerte herangezogen. Da bei Streudiagrammen alle Werte eingezeichnet sind, können Tendenzen und sogenannte „Ausreißer" schnell erkannt werden. Punkt- bzw. Streudiagramme haben den klaren Vorteil, dass sie keine Daten unterschlagen; der Betrachter kann sich selbst ein Bild machen und Tendenzen oder Entwicklungen erkennen. Oft wird zusätzlich eine Näherungskurve eingetragen, die

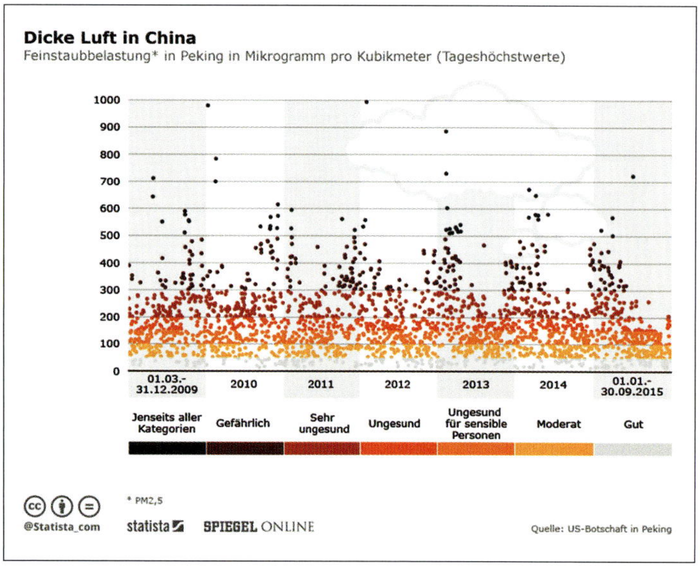

Punktdiagramm

Feinstaubbelastung in Peking (China)

solche Interpretationen unterstützt. Ein Nachteil ist, dass durch die große Zahl der Werte die Betrachtungszeit erhöht wird und nicht jeder Betrachter selbst die Daten interpretieren will.

Ein solches Diagramm wirkt exakter und überzeugender als ein Kurvendiagramm. Punkt- und Streudiagramme werden auch von Entwicklern verwendet, die Daten sammeln und hoffen, im Diagramm Entwicklungen und Trends ablesen zu können, sowie im medizinischen Bereich.

5.3.2 Isotypdiagramm

Das Isotype-Prinzip zur Erstellung von bildstatistischen Informationsgrafiken wurde in den 20er und 30er Jahren des vergangenen Jahrhunderts vom Grafiker Otto Neurath in Wien entwickelt.

Isotype (= International system of typografic picture education) ist eine spezielle Visualisierung von Daten mittels gegenständlicher Symbole und Bilder. Für eine bestimmte Menge, z. B. 100, steht ein Symbol, größere Mengen werden durch mehrere dieser Symbole dargestellt.

Statt Koordinatenachsen reicht bei diesem Diagrammtyp meist die Angabe, für welche Menge ein Symbol steht. Die Darstellungsweise ist sehr anschaulich und daher gerade auch für Kinder sehr gut geeignet. Von Nachteil ist sicherlich, dass eine quantitative Aussage nur durch Zählen der Symbole gemacht werden kann (falls die Beschriftung fehlt) und dass jemand dem Missverständnis erliegen kann, bei einem Symbol handele es sich wirklich nur um die Menge „1". Außerdem ist der Erstellungsaufwand meist deutlich höher als bei einer klassischen Bildstatistik.

Isotypdiagramme sind in erster Linie in Geografiebüchern zu finden, z. B. für die Visualisierung von Rohstoffvorkommen. Ziel der Isotype-Grafik ist immer die Anschaulichkeit, die Gegenständ-

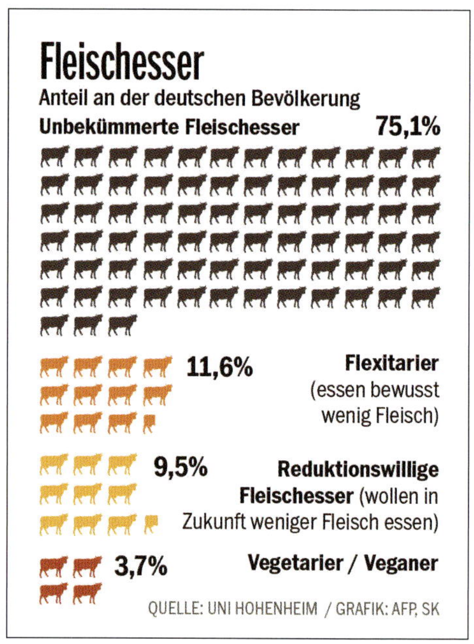

Isotype

Visualisierung von Bevölkerungsanteilen zum Fleischkonsum in Deutschland

Diese Infografik hat das Problem, dass die Symbolik gedanklich eher mit einer Fleischmenge verknüpft wird als mit Bevölkerungsanteilen. Es müssten eigentlich Menschen dargestellt werden.

lichkeit und die korrekte Visualisierung. Daher zeigen diese Grafiken immer anschauliche Mengenverhältnisse. Oft werden auch Analogien genutzt, um die Informationsvermittlung verständlicher zu machen, wie im unteren Beispiel die Bundesländer, da man sich so die Flächengrößen besser vorstellen kann.

Isotypdiagramm

Deutschland sortiert nach Flächennutzung

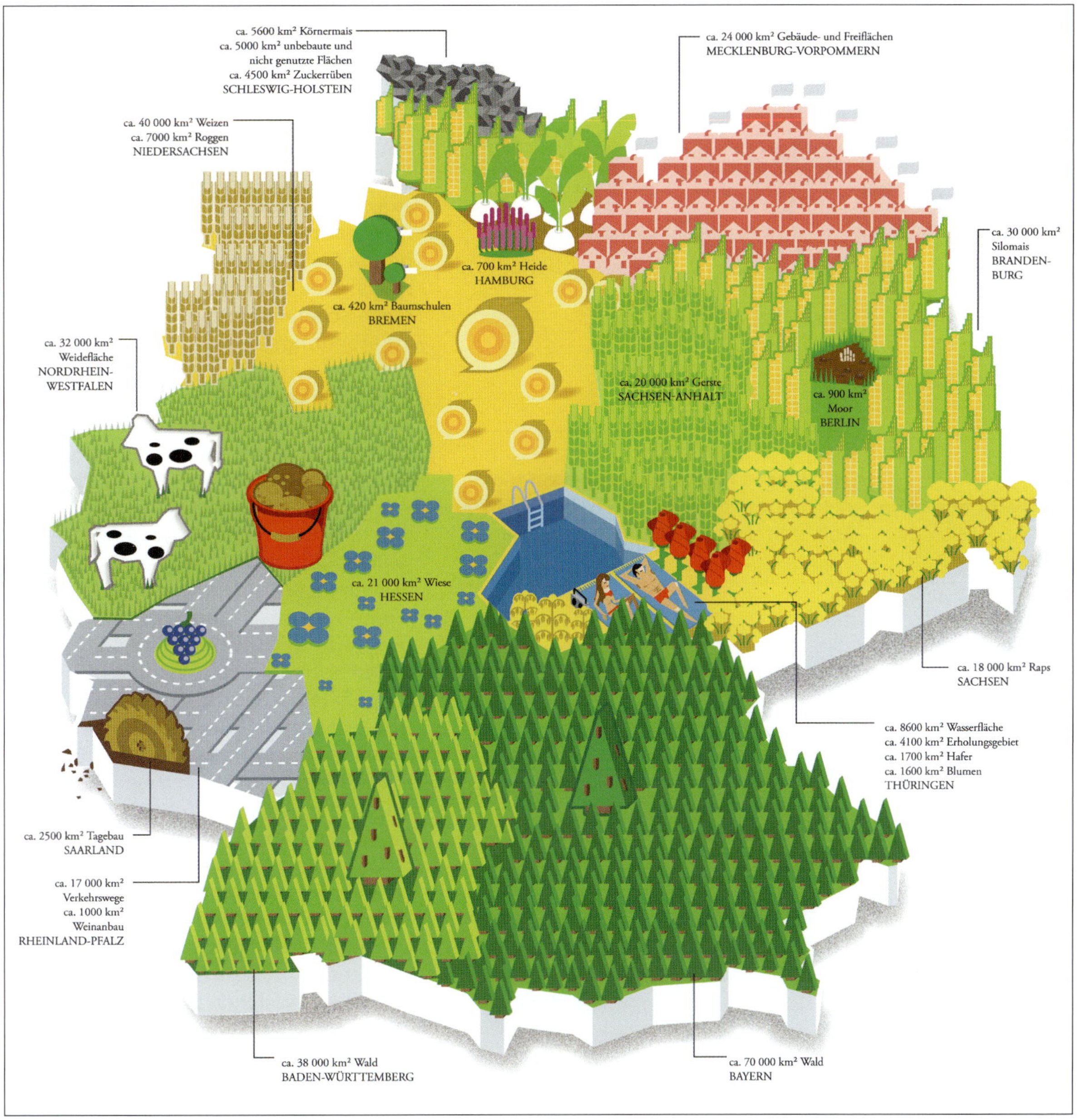

5.4 Andere Infografiken

5.4.1 Technische Illustration

Technische Illustration
aus der Montageanleitung für eine Nachttischlampe

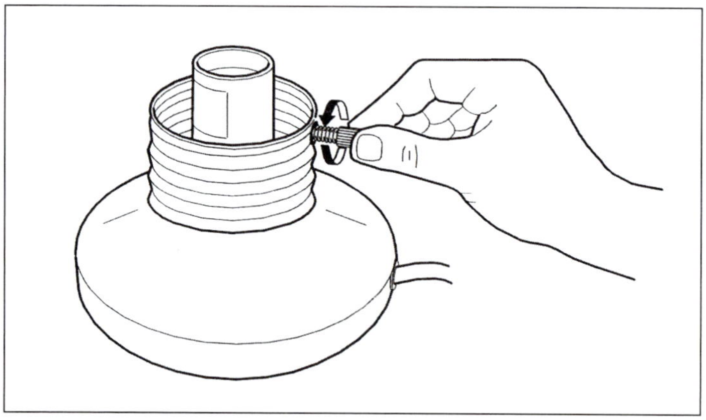

Eine technische Illustration ist sicher in vielen Fällen die Informationsgrafik mit dem höchsten Anspruch an Genauigkeit, Präzision und Darstellungsqualität.

Technische Illustrationen geben technische Details exakt so wieder, dass ein Laie den prinzipiellen Gesamtzusammenhang erkennen kann. Technische Illustrationen sind also detailgetreue und exakte Abbildungen der Wirklichkeit, die mit fotografischen Abbildungen meist so nicht erstellbar wären. So können in einer technischen Illustration auch Luftströme oder Kräfte in Form von Pfeilen visualisiert werden oder wie in der linken Abbildung die Drehrichtung einer Schraube.

Gestalterisch stellt die technische Illustration hohe Anforderungen, da zur exakten Umsetzung einer technischen Darstellung die sich dahinter verbergende Technologie verstanden werden muss. Dies erfordert bei komplexen technischen Illustrationen einen hohen Einarbeitungsaufwand.

Technische Illustration
Aufbau eines Smartphone-Displays

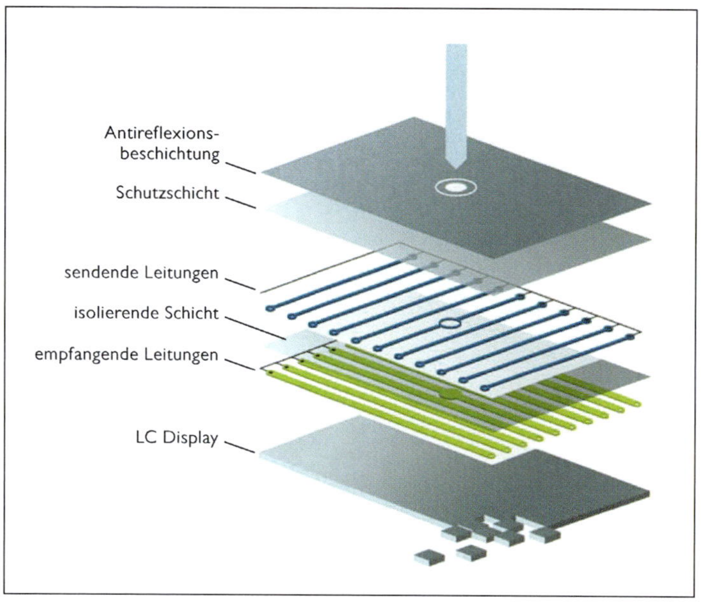

Explosionszeichnungen
Technische Illustrationen können wie im linken unteren Beispiel als Explosionsgrafik aufgebaut werden. Diese Zeichnungen können meist auf Basis von technischen Zeichnungen erstellt werden. Sie dienen dazu, sowohl Einzelteile einem Gesamten zuordnen zu können als auch Aufbau bzw. Zusammensetzung von etwas zu zeigen.

Der Vorteil von Explosionszeichnungen ist, dass man jedes einzelne Teil und wie sich das Gesamte aus den Einzelteilen zusammensetzt, sehen kann.

Nachteilig kann sich auswirken, dass nur das zerlegte Teil zu sehen ist, jedoch die genaue Zusammengehörigkeit der Einzelteile unter Umständen nur schwer zu erkennen und nachzuvollziehen ist.

Explosionszeichnungen werden bei Wartungs- oder Montageanleitungen verwendet, weil sie eine gute Übersicht geben, aus welchen Einzelteilen ein Objekt besteht. Auch bei Funktionserklärungen können Explosionszeichnungen zur Visualisierung hilfreich sein.

5.4.2 Prinzipdarstellung

Ein wichtiger Aufgabenbereich der Informationsgrafik ist die Darstellung und Veranschaulichung von komplexen Zusammenhängen und Abläufen. Prozessdarstellungen visualisieren Bewegungen und Ablauffolgen meist durch Pfeile, ebenso ist ein Durchnummerieren der einzelnen Schritte üblich.

Die einzelnen Vorgänge werden durch schematisierte, einfache Grafiken dargestellt. Prinzip- bzw. Prozessdarstellungen werden häufig in Zeitungen und Zeitschriften eingesetzt – im Internet oft auch in animierter Form. Die Erstellung ist sehr zeitaufwändig, jedoch wirkt eine solche Darstellung auf den Leser sehr attraktiv und wird deutlich stärker genutzt als ein beschreibender Text.

In der Abbildung rechts oben ist ein Versuchsaufbau visualisiert. Durch die detail- und farbreduzierte Darstellung wird der Blick auf das Wesentliche gelenkt, hier die Position der Kameras. Im unteren Beispiel geht es um die Entstehung von Schlaglöchern. Die drei Schritte verdeutlichen den Prozess. Zusätzliche Textinformationen geben dem Betrachter ergänzende Informationen, die zum Verständnis beitragen.

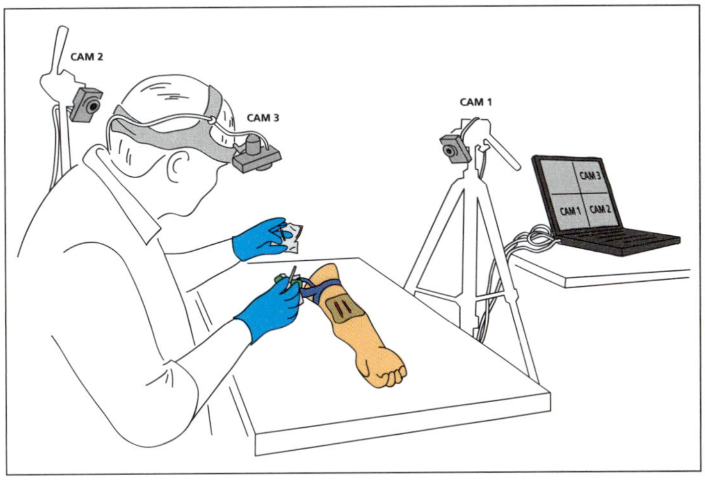

Prinzipdarstellung
Visualisierung eines Versuchsaufbaus

Prozessdarstellung
Visualisierung der Schlaglochbildung

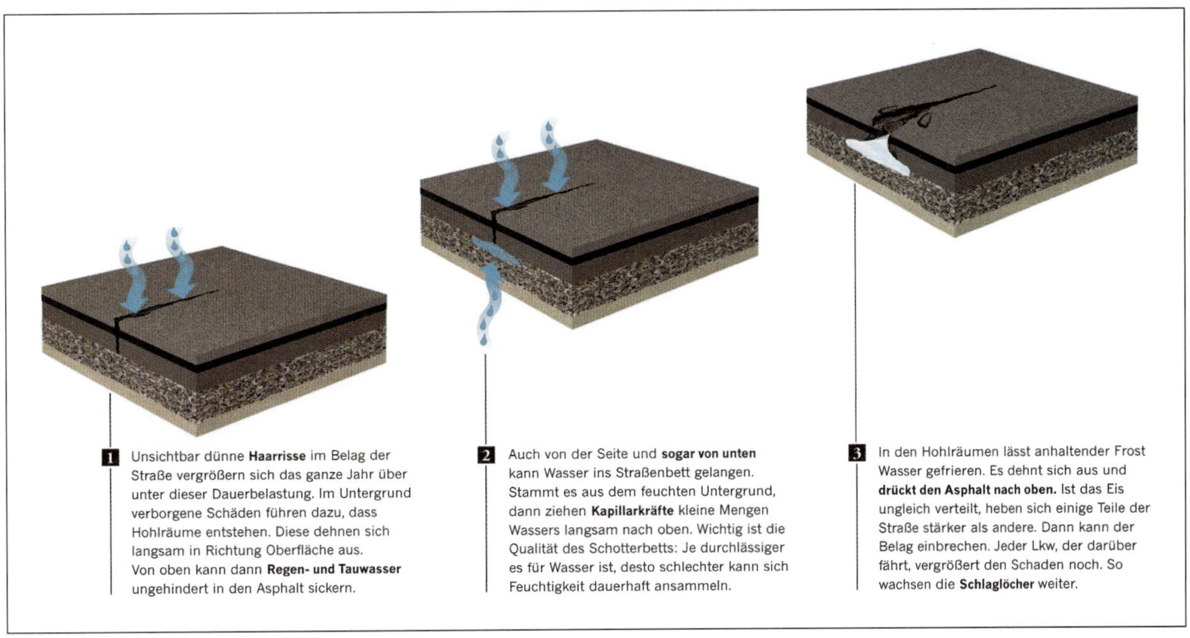

5.4.3 Kartografische Infografiken

Kartografische Infografiken sind für die Visualisierung räumlicher Zusammenhänge und Geschehnisse unverzichtbar. Für das Verständnis ist der Kartenausschnitt und die Generalisierung, d. h. Vereinfachung, von großer Bedeutung. Sie zeigen nur Details, die für den jeweiligen Zweck wichtig sind. Wichtig bei den meisten kartografischen Darstellungen sind die Angabe des Kartenmaßstabs und die korrekte Ausrichtung des Kartenbildes nach Norden.

Karten in Infografiken sind meist abgezeichnet und anschließend überarbeitet. Im Sinne des Urheberrechts ist dies nur zulässig, wenn vor der Erstellung von kartografischen Infografiken legale Kartengrundlagen erworben und diese in der Infografik als Quelle angegeben werden. Kartenrechte gibt es z. B. bei den staatlichen Landesvermessungsämtern oder bei kartografischen Verlagen.

Kartografische Infografiken finden u. a. Verwendung bei Naturereignissen, Kriegshandlungen, Wahlen, Statistiken (z. B. Arbeitslosenzahlen) oder großen Sportveranstaltungen. Oft werden themenbezogene Symbole zur Visualisierung verwendet.

Auch Wetterkarten zählen zu den kartografischen Infografiken, am Beispiel unten erkennt man die mögliche Informationsdichte einer solchen Infografik. Die Legende informiert den Betrachter in diesem Fall über die verwendeten Piktogramme und die Bedeutung der Farben.

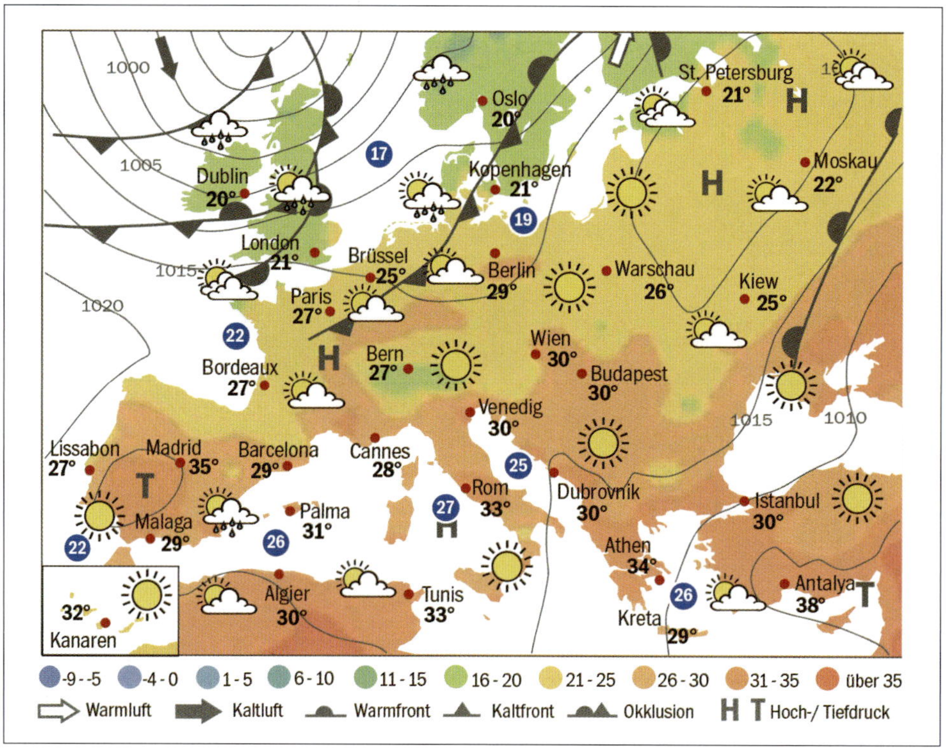

Kartografische Infografik

Wetterkarte mit dem Wetterbericht für Europa

5.5 Verwendung von Infografiken

5.5.1 Infografiken in Printmedien

Aufwändige Informationsgrafiken werden häufig in überregionalen Tages-, Wochen- oder Sonntagszeitungen eingesetzt, um die Leser mit ausführlichen Informationen über komplexe Sachverhalte aufzuklären und Hintergrundinformationen weiterzugeben.

Eine Studie von C. Bouchon 2007 ergab, dass 79 % der Testpersonen die Verständlichkeit der ihnen gezeigten Infografiken aus verschiedenen Magazinen als gut bewerteten. Dabei wurde als weiteres interessantes Ergebnis festgestellt, dass 79,5 % der Leser bei den bewerteten Infografiken die Informationsdichte als „eher hoch", „hoch" oder „zu hoch" einschätzten. 30 % der Nutzer beurteilten das Informationsangebot als eher nicht ansprechend. Das Ergebnis lässt den Schluss zu, dass Infografiken den Leser eher ansprechen, wenn in einer Grafik weniger Informationen gebündelt werden. Eine Infografik muss also eher vereinfachen, abstrahieren und sich auf Kerndarstellungen und Kernaussagen beschränken. Die beiden hier gezeigten Abbildungen zeigen schön, wie es gelingen kann, „nackte" Zahlen attraktiv zu präsentieren.

Infografik zum Kaffeepreis

Infografik zum Thema Schoklolade

Das Isotypdiagramm ermöglicht es dem Betrachter, am Beispiel einer Schokoladentafel die Preiszusammensetzung bei Schokolade nachzuvollziehen.

5.5.2 Interaktive Infografiken

Animierte und besonders interaktive Informationsgrafiken haben einen hohen Unterhaltungs-, Lern- und Informationswert. Neben der gedruckten Informationsgrafik erhält die animierte bzw. interaktive Informationsgrafik zunehmend einen höheren Stellenwert bei Nachrichtenmagazinen, Tageszeitungen, Fernsehanstalten und Informationsportalen. Durch den zusätzlichen Einsatz von Bewegung und Sprache können Informationen auf kleinerem Raum vermittelt werden, Hinweise auf die Betrachtungsreihenfolge sind nicht notwendig. Zur Erstellung einer animierten oder sogar interaktiven Infografik muss meist ein *Storyboard* angefertigt werden.

Ziel einer animierten Grafik ist, den Nutzern einen schnellen Informationsmehrwert zu geben. Sachverhalte und Zusammenhänge sollen kompakt und verständlich dargestellt werden. Dabei besteht fast immer die Gefahr der Vereinfachung. Um glaubwürdig zu bleiben, müssen Sachverhalte also korrekt, vollständig wahrheitsgetreu und übersichtlich wiedergegeben werden.

Der entscheidende Punkt bei der Gestaltung einer interaktiven Informationsgrafik ist die *Usability*. Die Infografik muss prinzipiell den gleichen Usability-Regeln unterworfen werden wie eine Website selbst. Die folgenden Punkte sind hier oft von besonderer Bedeutung:

- Jede Infografik braucht eine Überschrift.
- Nicht zu viele interaktive und multimediale Medienelemente, der Betrachter darf nicht überfordert werden.
- Bei Mengendarstellungen müssen die Verhältnisse gewahrt bleiben.
- Klare und eindeutige Navigation
- Elemente mit gleichen oder ähnlichen Funktionen sollten vergleichbare Eigenschaften z. B. bei Form, Größe und Farbe aufweisen.
- Elemente, die ein geschlossenes Bild ergeben, werden gesamtheitlich wahrgenommen.
- Elemente, die nahe beieinander liegen, werden zueinander in Beziehung gesetzt.
- Die Datenquelle muss angegeben werden.
- Interaktive Medien sollten durch den Nutzer selbst gesteuert werden können. Bei Sounds oder Videos muss die Eigenregie, also die Selbststeuerung, möglich sein.

Durch die Vielzahl der Gestaltungs- und Informationsangebote ist es für den Informationsgrafiker wichtig, eine klare, einheitliche und übersichtliche Gestaltungsstruktur für Informationsgrafiken zu finden. Der Nutzer einer interaktiven Informationsgrafik erwartet bei dieser Grafikart bei vielen Elementen eine Interaktionsmöglichkeit, um an weitere Informationen zu gelangen. Die mithin wichtigste Frage bei der Produktion einer interaktiven Grafik ist also, wie die Funktionalität einzelner interaktiver Elemente dem Nutzer klar vermittelt werden kann.

Auf der rechten Seite ist oben eine animierte Infografik des Bayrischen Rundfunks dargestellt, die die Fünfprozenthürde erklärt. Durch Bewegung und Sprache wird der Sachverhalt anschaulich vermittelt.

Darunter ist eine interaktive Webseite abgebildet, die Exponate des „The British Museum" nach Kontinenten sortiert darstellt. Die Tiefe des Raumes bildet hier die Zeitleiste, durch die per Maus bzw. Mausrad oder Pfeiltasten navigiert werden kann.

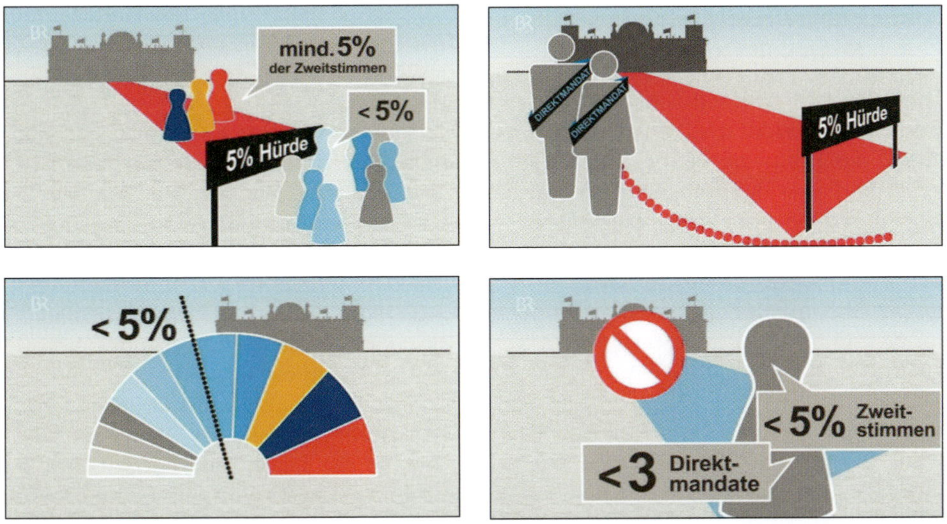

Animierte Infografik zur Fünfprozenthürde bei der Bundestagswahl in Deutschland

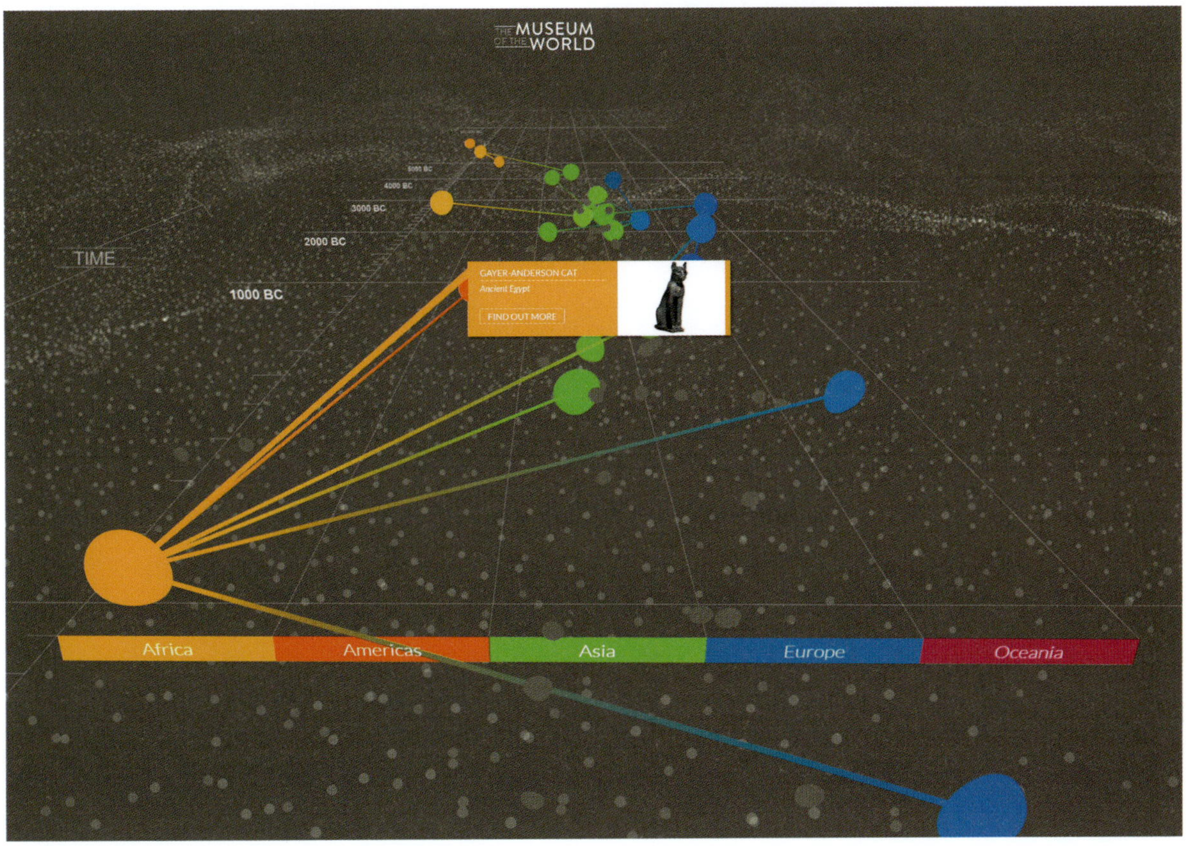

Interaktives Museumsarchiv

Eine 3D-Vektorgrafik (realisiert mit WebGL), durch die man sich mit Maus oder Tastatur bewegen kann. Quelle: https://britishmuseum.withgoogle.com

5.6 Erstellung von Infografiken

5.6.1 Infografiken erstellen mit Microsoft Excel

Die schnellste und einfachste Art, ansprechende Bildstatistiken zu erstellen, bietet das Programm Excel. Zur Funktionalität dieses Tabellenkalkulationsprogramms gehört die Visualisierung der Daten in einer großen Bandbreite von Diagrammtypen. Unter dem Menüpunkt *Einfügen > Diagramme* können Flächen-, Balken- und viele weitere Diagrammtypen durch Anklicken ausgewählt und eingefügt werden (siehe Abbildung).

Nachdem Sie die notwendigen Daten in das Datenblatt eingegeben haben, können Sie die Diagrammart auswählen. Das Diagramm wird automatisch in der Excel-Arbeitsmappe dargestellt und kann jetzt einer Nachbearbeitung und Optimierung unterzogen werden. Dazu klicken Sie die zu verändernden Bestandteile des Diagramms an und verändern z. B. Strukturoberfläche und Transparenz, Größe des Diagramms, Abstand der Beschriftung oder Schriftgröße der Beschriftungen. Einen Titel für die Infografik können Sie – falls er nicht automatisch eingefügt wurde – über *Einfügen > Textfeld* hinzufügen.

Eine weiter gehende Bearbeitung ist nur eingeschränkt möglich. Ebenso ist der Export erstellter Grafiken in andere Programme wie z. B. InDesign zum Teil nur über ein PDF möglich, wobei bei Excel 2016 immerhin Vektordaten verwendet werden.

Microsoft Excel

Oben: Auswahlmenü für Diagramme
Unten: Beispielgrafiken

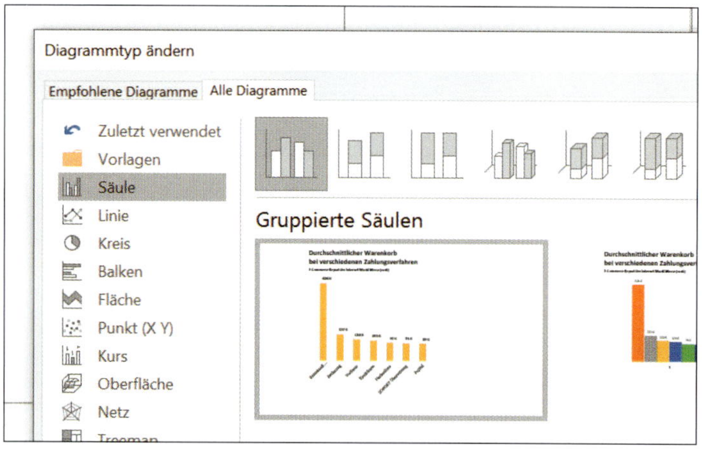

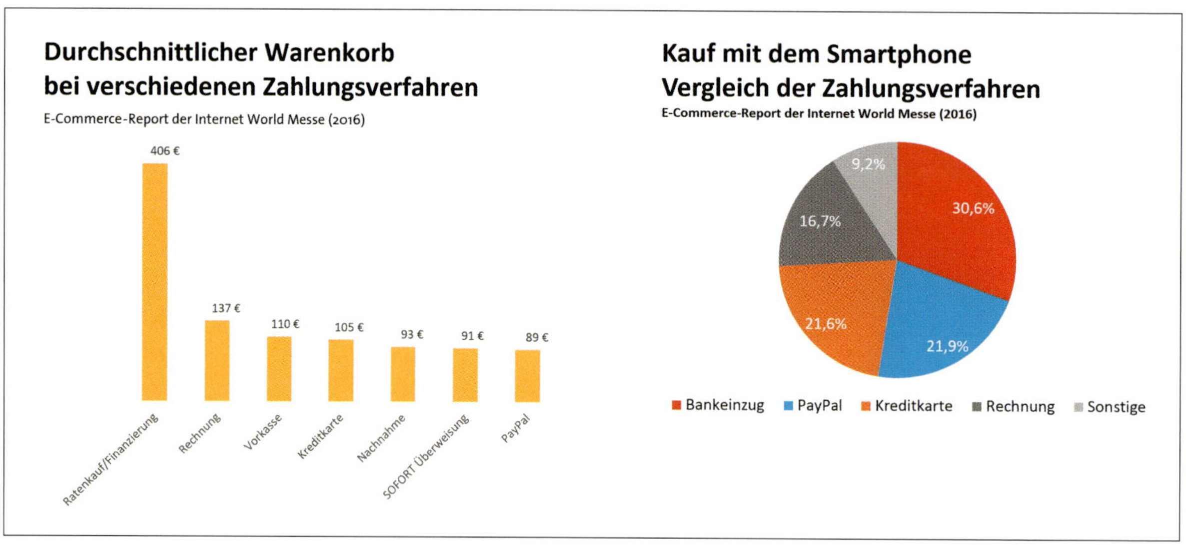

5.6.2 Infografiken erstellen mit Adobe Illustrator

Adobe Illustrator steht hier stellvertretend für die Diagrammfunktionen anderer Grafikprogramme.

Nach der Auswahl des gewünschten Diagrammtyps können Sie die Daten entweder aus anderen Programmen kopieren oder sie direkt im Programm in eine Tabelle eingeben. Wenn die Daten eingegeben wurden und die entsprechende Achsenzuordnung getroffen ist, kann das Diagramm gemäß den eingegebenen Daten gezeichnet werden.

Soll die Grafik mit einfachen Mitteln aufbereitet werden, kann dies durch die Anpassung der Diagrammattribute, wie in der Abbildung rechts zu sehen, durchgeführt werden. Ein Vorteil gegenüber Diagrammen aus Tabellenkalkulationen ist der, dass Ihnen die ganze Bandbreite der grafischen Bearbeitungs- und Ergänzungsmöglichkeiten eines Grafikprogramms zur Verfügung steht. Unter Menü *Objekt > Diagramm* können Sie neben verschiedenen Einstellungen auch eigene Symbole definieren, um Isotype-Grafiken zu erstellen, wie unten links zu sehen. Hierfür wurde ein kleiner Stapel Euromünzen als *Symbol* eingefügt und dieser als *Neues Design* definiert. Im Menü *Objekt > Diagramm > Balken...* kann dann statt eines Balkens das *Design* ausgewählt werden und man kann festlegen, ob Illustrator das Symbol skalieren oder wiederholen soll und wie Bruchteile der festgelegten Einheiten dargestellt werden sollen.

Adobe Illustrator
Oben: Auswahlmenü für Diagramme
Unten: Beispielgrafiken

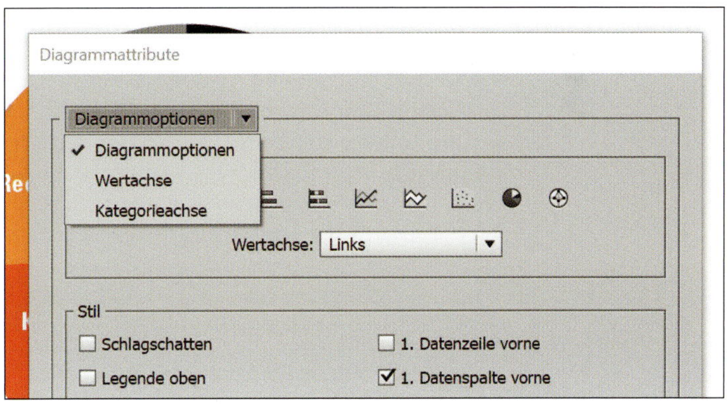

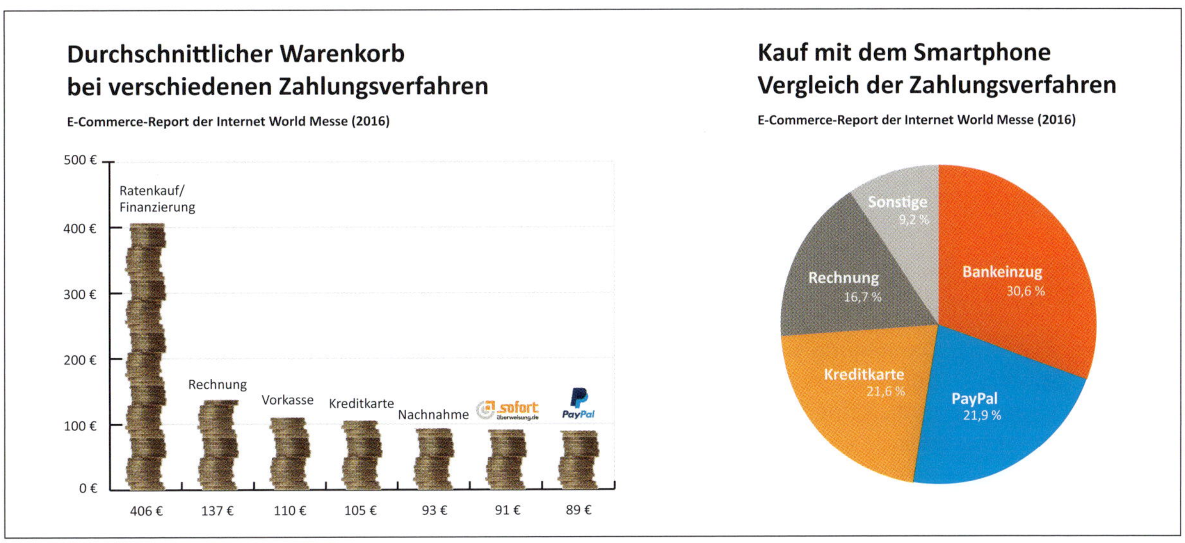

5.7 Aufgaben

1 Infografiktypen nennen

Nennen Sie die fünf Diagrammarten zur Visualisierung von Statistiken.

1.

2.

3.

4.

5.

2 Infografik anwenden

Welche Diagrammart wählen Sie zur Darstellung der Entwicklung des Aktienkurses?

3 Infografik anwenden

Welche Diagrammart wählen Sie für die Darstellung von Umfrageergebnissen, bei denen mehrere Nennungen möglich waren?

4 Infografik anwenden

Welche Diagrammart wählen Sie für die Darstellung von Umfrageergebnissen, bei denen die Antworten „Ja", „Nein" und „Keine Antwort" möglich sind?

5 Isotype-Grafik erläutern

Wodurch zeichnen sich Isotype-Grafiken besonders aus?

6 Infografik anwenden

Zeichnen Sie für die folgenden Daten eine geeignete Infografik für die „Umsatzverteilung im deutschen E-Commerce 2016":

- PC: 66 %
- Tablet: 14,9 %
- Smartphone: 19,1 %

7 Gestaltungsregeln zur Herstellung von interaktiven Infografiken nennen

Nennen Sie die wichtigsten Regeln zur Erstellung von interaktiven Infografiken.

8 Infografik anwenden

Zeichnen Sie für die folgenden Daten eine geeignete Infografik für „Die 5 bekanntesten Online-Bezahlsysteme in Deutschland (Stand 2016)“:

- Paypal: 95 %
- Amazonpayments: 59 %
- giropay: 58 %
- clickandbuy: 54 %
- SOFORT Überweisung: 47 %

9 Unterschiede von Infografiken in Print- und Digitalmedien aufzeigen

Beschreiben Sie die Unterschiede, die bei der Gestaltung von Infografiken für Print- und Digitalmedien bestehen.

6.1 Grundlagen

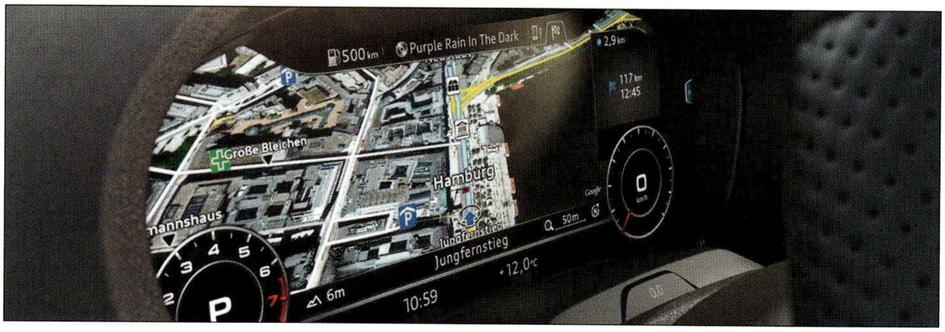

Audi virtual cockpit

Der Begriff Grafik leitet sich vom griechischen *graphike techne* ab und beschreibt die Kunst des Schreibens, Zeichnens und Einritzens. Eine Grafik ist nicht wie eine Fotografie ein direktes Abbild der Welt, sondern eine von Grafikern erstellte Darstellung eines Objekts oder eines Sachverhalts.

Zur Erstellung von Grafiken wurden über die Jahrhunderte hinweg ganz unterschiedliche Techniken eingesetzt: vom Holzschnitt oder Kupferstich durch Albrecht Dürer bis hin zur Druckgrafik in der Technik des Holzschnitts.

Die Erstellung von Grafiken zur Publikation in Print- und Digitalmedien erfolgt heute meist direkt am Computer mit Bildverarbeitungs- bzw. Grafikprogrammen. Grafiken sind oft dreidimensional und bei Bauvorhaben verschwimmen manchmal die Grenzen zwischen Visualisierung und Realität.

Coca-Cola-Produktdarstellung mit Cinema 4D

Grafikarten

Die Einteilung der Grafiken erfolgt nach unterschiedlichen Kriterien:

- Pixel- oder Vektorgrafik
- 2D oder 3D (Dimension)
- Dateiformat
- Print- oder Webgrafik
- Verwendungszweck, z. B. Logo, Icon oder Infografik
- Statisch oder animiert

Abzug einer Steinzeichnung

Werbung für Rasierklingen, Lithografie um 1925

6.2 Pixelgrafiken

6.2.1 Pixeleigenschaften

Pixelgrafiken bestehen aus einzelnen, winzig kleinen Bildelementen (Pixel), wobei die einzelnen Pixel nur bei der vergrößerten Betrachtung sichtbar sind.

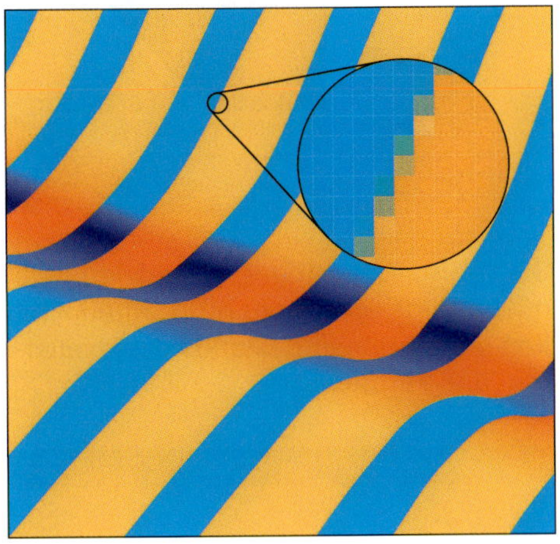

Pixelbild

- Pixel haben eine quadratische oder eine rechteckige Form (kann bei der Erstellung ausgewählt werden).

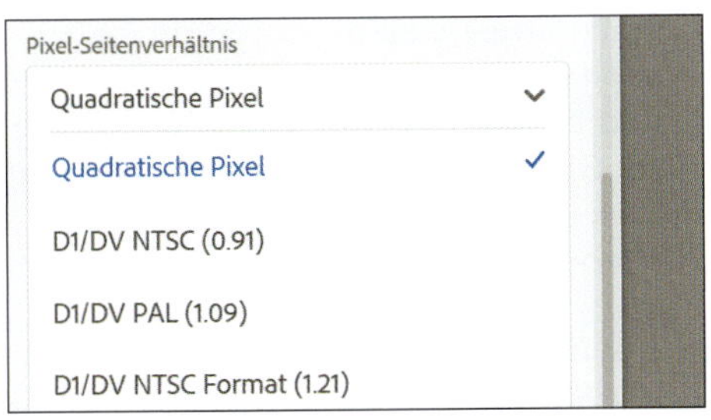

- Pixel haben keine geometrische Größe, sind aber innerhalb einer Pixelgrafik, bestimmt durch deren Auflösung, immer einheitlich groß.
- Pixel sind in ihrer Position jeweils durch die x/y-Koordinaten des Formats definiert (die Zählung beginnt bei null).

6.2.2 Farbeigenschaften

Jedes Pixel hat seine eigene Farbe. Die Farbwerte werden durch den Datei-Farbmodus und durch die Farbtiefe bestimmt.

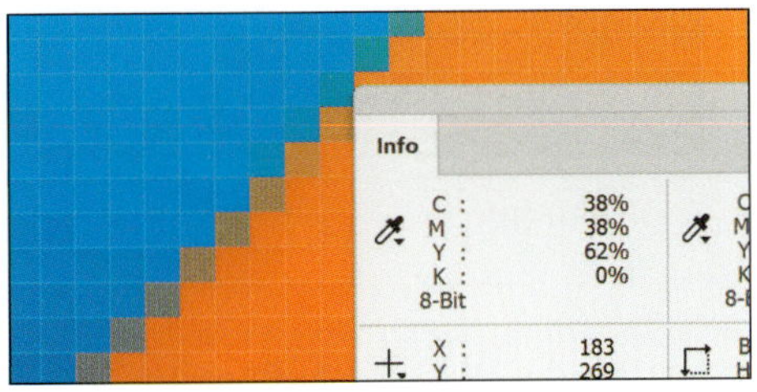

Farbmodus und Farbtiefe

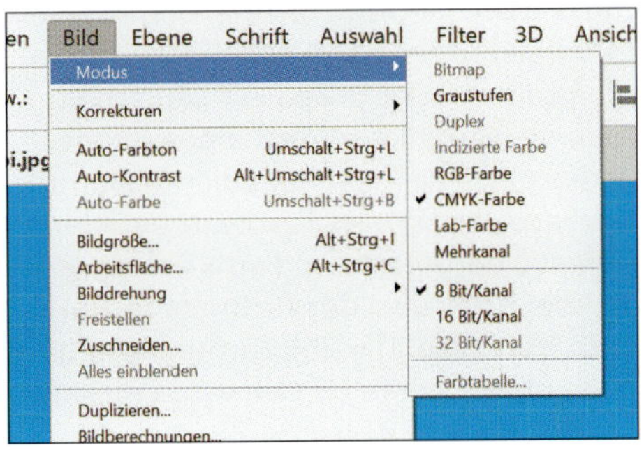

Je nach Verwendungszweck sind unterschiedliche Farbmodi sinnvoll. Abhängig vom Farbmodus unterscheidet sich die Kanalanzahl und die Bittiefe je Kanal. Hier ein Überblick über die möglichen Farbeigenschaften:

Farbmodus	Kanäle	Bittiefe je Kanal
Bitmap	1	1 Bit
Graustufen	1 (Schwarz)	8/16/32 Bit
Duplex	2	8 Bit
Indizierte Farbe	1	variabel
RGB-Farbe	3	8/16/32 Bit
CMYK-Farbe	4	8/16 Bit
Lab-Farbe	3	8/16 Bit
Mehrkanal	Variabel	8 Bit

Pixel

Kunstwort aus den beiden englischen Wörtern *picture* und *element*

Bestandteile einer Pixelgrafik

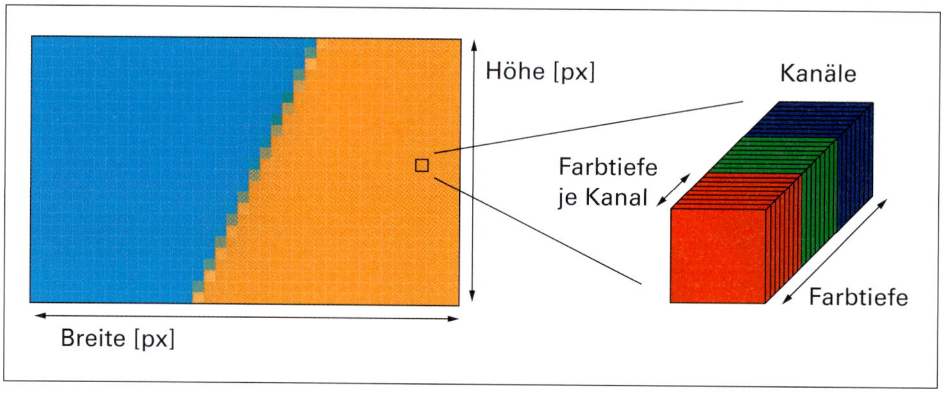

6.2.3 Bildgröße und Auflösung

Für die Berechnung einer Dateigröße muss man die Datei rechnerisch in alle Einzelheiten zerlegen. Multipliziert man die Höhe mit der Breite in Pixel erhält man die Anzahl der Pixel eines Bildes. Jedes einzelne Pixel hat einen bestimmten Farbwert. Dieser Farbwert definiert sich aus der Anzahl an Farbkanälen (z. B. „3" bei RGB) und der Farbtiefe je Kanal (z. B. 8 Bit, also $2^8 = 256$ Farben). Die gesamte Farbtiefe (F) beträgt in diesem Fall bei RGB 3 * 8 Bit = 24 Bit.

Farbtiefenberechnung π

$$F = K * F_k$$

F: Farbtiefe in Bit

K: Kanäle

F_K: Farbtiefe je Kanal in Bit

Dateigrößenberechnung (mit Pixelangaben) π

$$D = B_{px} * H_{px} * F$$

D: Datenmenge

B_{px}: Breite in Pixel

H_{px}: Höhe in Pixel

F: Farbtiefe in Bit

Die Größenberechnung für unkomprimierte Bilder geschieht durch Multiplikation der einzelnen Bestandteile: Pixelanzahl und Farbtiefe.

Rechnen mit Einheiten (Bit und Byte) π

$256 = 2^8$
$2^8 = 8$ Bit
8 Bit = 1 Byte
1024 Byte = 1 KB (Kilobyte)
1024 KB = 1 MB (Megabyte)

Berechnungsbeispiel
Von einer Pixelgrafik sind folgende Daten bekannt: 3000 x 2000 Pixel, RGB, 8 Bit Farbtiefe je Kanal. Es soll die Größe des unkomprimierten Bildes in Megabyte berechnet werden.

D = 3000 x 2000 x 3 x 8 Bit
= 144 000 000 Bit | : 8
= 18 000 000 Byte | : 1024
= 17 578,125 KB | : 1024
= 17,17 MB

Auflösung
Die Auflösung wird durch die Anzahl der Pixel pro Streckeneinheit, meist Zentimeter oder Inch, definiert. Da die geometrische Größe der Pixel durch die

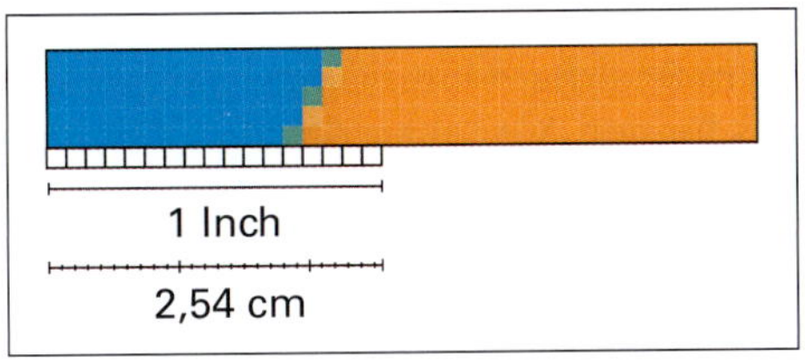

Auflösung bestimmt wird, variiert auch die Bildgröße je nach Auflösung eines Displays oder Printmediums. Ist die Breite und Höhe eines Bildes nicht in Pixel angegeben, sondern nur als geometrische Größe mit einer Auflösung, dann ist bei der Berechnung der Bildgröße ein zusätzlicher Schritt notwendig: Die Pixelanzahl in der Breite und in der Höhe muss errechnet werden.

Dateigrößenberechnung (mit Auflösung) π

$$D = B_{cm} * A * H_{cm} * A * F$$

D: Datenmenge

B_{cm}: Breite in cm

H_{cm}: Höhe in cm

A: Auflösung in d/cm

F: Farbtiefe in Bit

Berechnungsbeispiel

Von einer Pixelgrafik sind folgende Daten bekannt: 8 cm x 6 cm, 300 dpi, CMYK, 32 Bit Farbtiefe. Es soll die Größe des unkomprimierten Bildes in Megabyte berechnet werden.

A = 300 dpi | : 2,54
A = 118,11 d/cm

D = 8 cm x 118,11 d/cm x 6 cm x 118,11 d/cm x 32 Bit
= 21 427 157 Bit | : 8
= 2 678 395 Byte | : 1024
= 2 615,62 KB | : 1024
= 2,55 MB

Skalierung

Wenn Sie die Größe eines Bildes bzw. einer Grafik verändern, dann verändert sich bei gleichbleibender Pixelzahl die Bildauflösung und damit auch die metrische Pixelgröße (siehe Abbildungen).

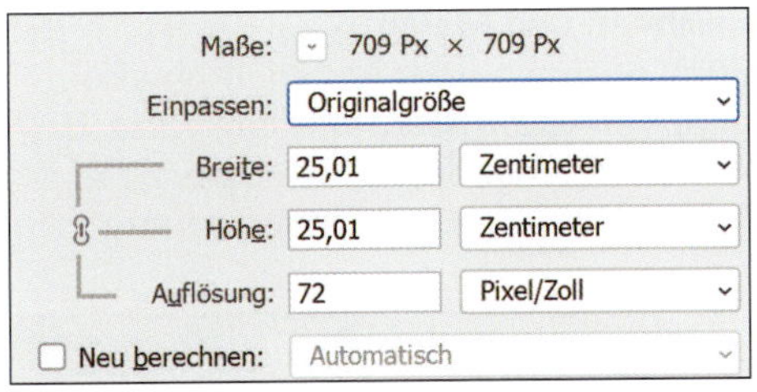

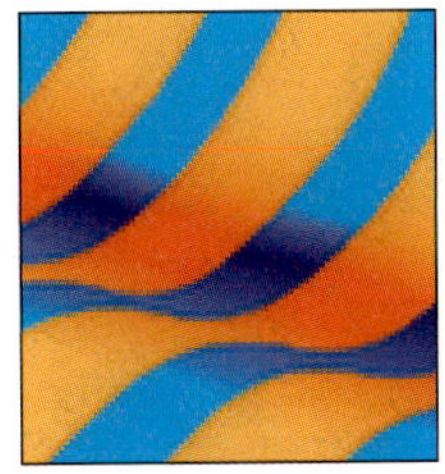

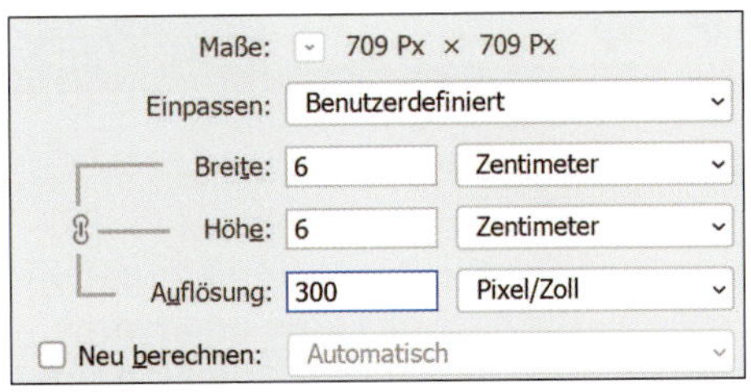

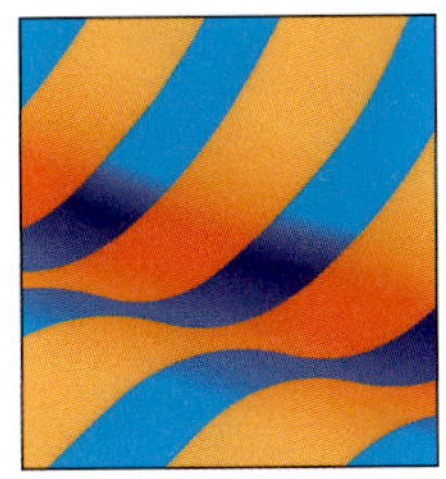

Auflösung

72 dpi (oben) und 300 dpi (unten) im Vergleich

Bei konstant bleibender Auflösung müssen Pixel bei der Vergrößerung hinzugerechnet werden. Die verschiedenen Grafikprogramme bieten dazu mehrere Algorithmen zur Auswahl.

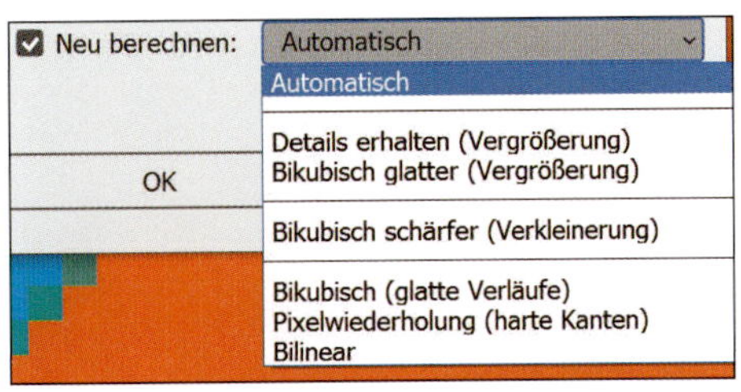

Grundsätzlich gilt, dass sich die Qualität bei der Skalierung immer verschlechtert. Bei der Vergrößerung wird die Grafik unschärfer, bei der Verkleinerung gehen durch die Verringerung der Pixelzahl Details verloren.

6.2.4 Pixelgrafiken erstellen

Pixelgrafiken können durch Digitalfotografie oder Scannen als Abbilder der Realität erzeugt werden oder frei durch die Werkzeuge des Programms.

Zeichnen und Malen
Zum Zeichnen oder Malen in pixelorientierten Grafikprogrammen, wie z. B. Adobe Photoshop, stehen Ihnen u. a. folgende Werkzeuge zur Verfügung:

Zeichen- und Malwerkzeuge

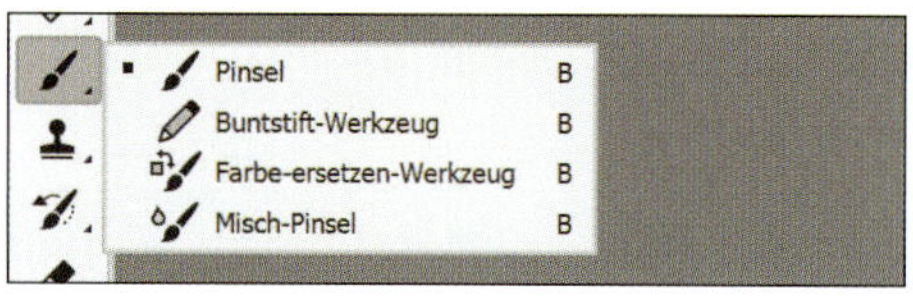

- *Buntstift und Pinsel*
  Mit dem Buntstift- und Pinsel-Werkzeug setzen Sie Pixel auf die Arbeitsfläche. Die Anzahl, Farbe und Form können Sie in den jeweiligen Dialogfenstern der Software einstellen.

Auswahlwerkzeuge

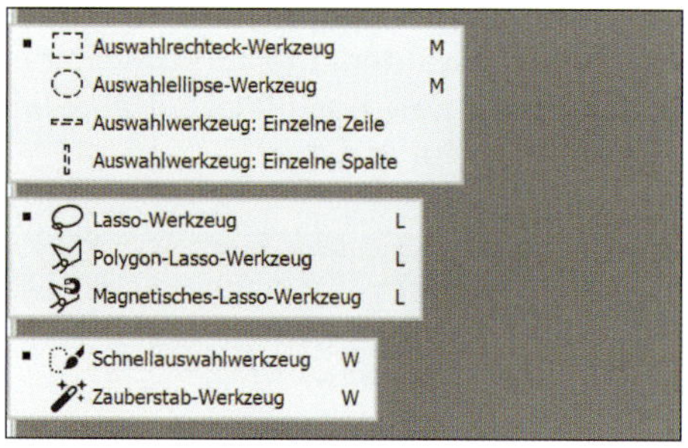

- *Auswahlwerkzeuge*
  Da jedes Pixel in seiner Position selbstständig ist, müssen Sie zur Auswahl mit den Auswahlwerkzeugen einen bestimmten Bereich zur Bearbeitung auswählen. Die Auswahl erfolgt entweder über die Flächengeometrie oder durch die Auswahl eines bestimmten Ton- und Farbwertbereichs.

Speichern
Beim Speichern Ihrer Grafik wählen Sie das für den Ausgabeprozess und für die Grafikart passende Dateiformat.

- *Druck*
  Für den Druck speichern Sie die Grafik z. B. im TIF-Format.
- *Bildschirmdarstellung*
  Für die Ausgabe am Bildschirm stehen JPG, GIF, PNG-8 und PNG-24 zur Wahl. Das für Bilder häufig gewählte JPG-Format ist für Grafiken meist weniger geeignet, da die Artefakte der Komprimierung die Darstellungsqualität deutlich verschlechtern. Das GIF-Format hingegen stellt Verläufe nicht gut dar. Meist ist daher das PNG-Format die beste Wahl.

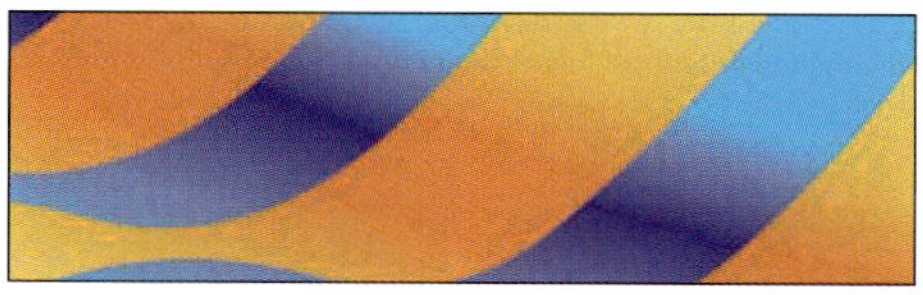

JPG, 14 KB

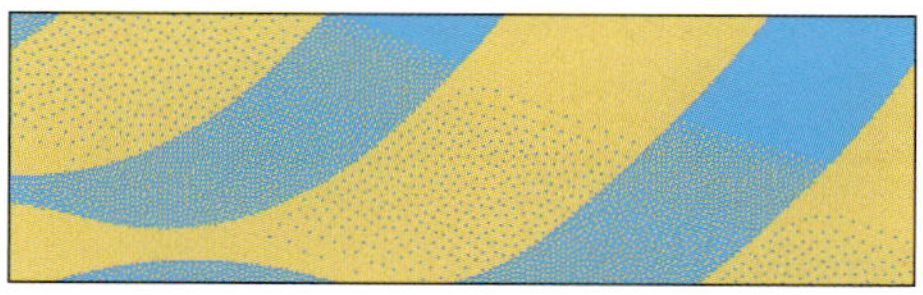

GIF, 14 KB

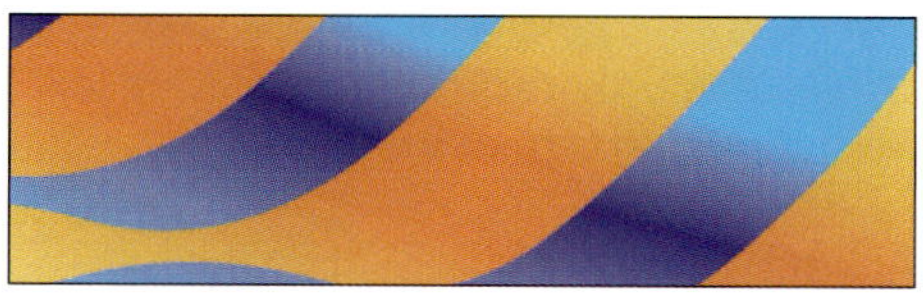

PNG-8, 14 KB

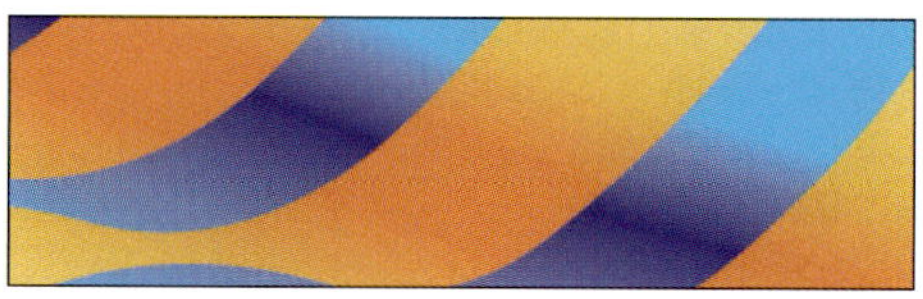

PNG-24, 40 KB

6.3 Vektorgrafiken

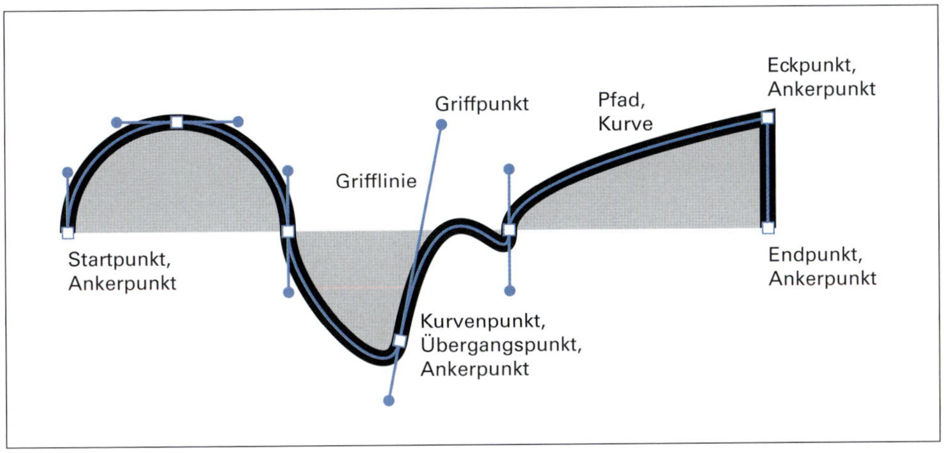

Elementbezeichnungen bei Vektorgrafiken

Die Arbeit in Vektorprogrammen, wie Adobe Illustrator, basiert auf Punkten. Ebenso wie ein Pixel besitzt ein Punkt keine geometrische Größe, sondern ist nur in seiner Position definiert. Die Position wird – jeweils auf den Nullpunkt bezogen – durch x- und y-Koordinaten beschrieben. Die Verbindung zweier Punkte ergibt eine Linie. Linien sind nur sichtbar, wenn sie auch über eine Kontur oder Flächenfüllung verfügen. In Grafikprogrammen werden Linien mit unterschiedlichen mathematischen Modellen (Bézierkurve oder Spline) beschrieben. In Adobe Illustrator wird eine Linie z. B. als Bézierkurve definiert.

Dadurch, dass eine Vektorgrafik rein aus mathematischen Beschreibungen besteht, beanspruchen Vektorgrafiken wenig Speicherplatz und können verlustfrei skaliert werden.

Bézierkurven

Der französische Mathematiker Pierre Bézier, 1910 bis 1999, war bei der Firma Renault beschäftigt. Er entwickelte in den 1960er Jahren ein mathematisches Modell zur Berechnung von Kurven bei der Entwicklung von Karosserieteilen für Autos. Die nach ihm benannten Bézierkurven sind heute grundlegender Teil aller Vektorgrafik- und CAD-Programme. Eine Bézierkurve ist durch Start-, Kurven- bzw. Eck- und Endpunkte, die sogenannten Ankerpunkte, in ihrer Position definiert. An den Ankerpunkten sind Grifflinien (Tangenten) angelegt, an deren Ende sich Griffpunkte befinden. Der Verlauf der Kurve zwischen den Kurvenpunkten wird durch die Stellung der Tangenten und die Entfernung der Griffpunkte vom zugehörigen Ankerpunkt bestimmt.

Splines

Der Begriff Spline kommt ursprünglich aus dem Schiffsbau und bezeichnet die gebogenen Planken eines Schiffs. In der Computergrafik werden mit dem Begriff Spline mathematisch beschriebene Kurven bezeichnet. Sie unterscheiden sich von den Bézierkurven durch das zugrunde liegende mathematische Modell. Die einfachste Struktur bilden die Splines. Mit B-Splines lassen sich komplexere Formen beschreiben.

6.4 2D-Vektorgrafik mit Illustrator

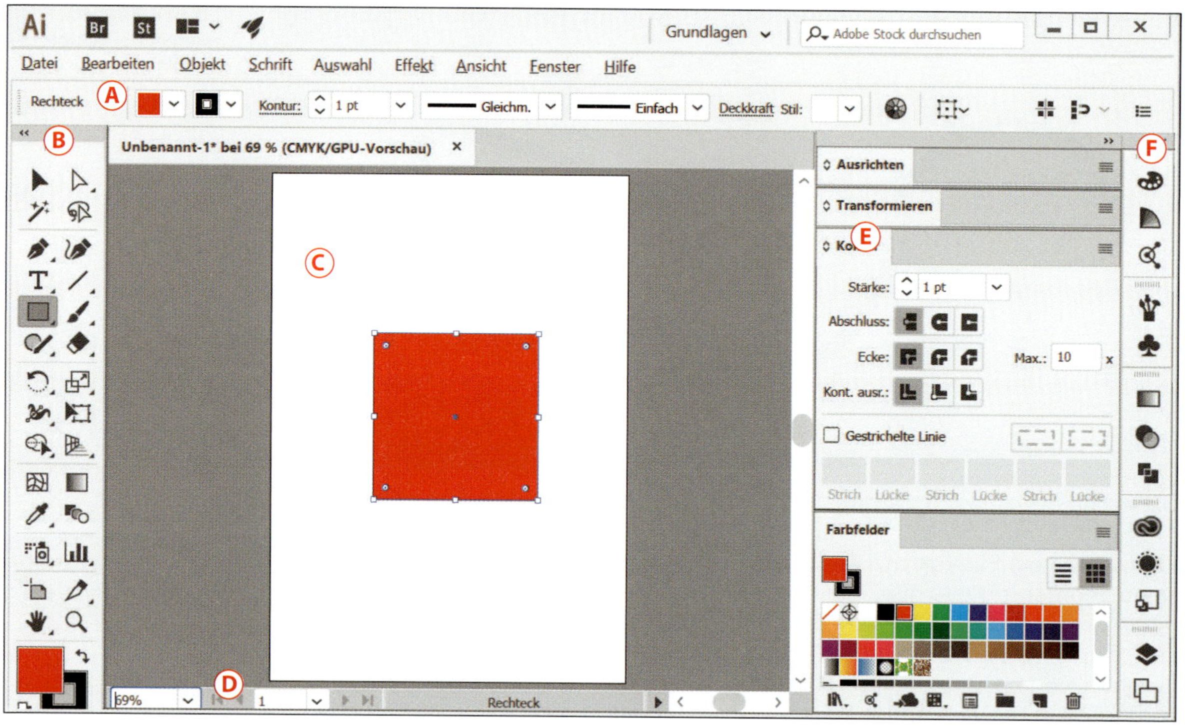

Programmoberfläche von Adobe Illustrator

A Steuerungspalette
B Werkzeuge
C Zeichenfläche
D Ansichtseinstellungen
E Offene Dialogfenster für Einstellungen
F Minimierte Dialogfenster für Einstellungen

Adobe Illustrator ermöglicht Ihnen zweidimensionale Vektorgrafiken zu zeichnen. Illustrator bietet zwar auch 3D-Effekte, aber damit kann nur eine 3D-Ansicht und kein echtes, räumliches 3D-Objekt erzeugt werden. In der Standardansicht sehen Sie ein weißes Blatt, die *Zeichenfläche* **C**, wobei der Hintergrund eigentlich transparent ist. Außerdem sehen Sie einen grauen Hintergrund, auf dem Sie auch Objekte platzieren können, diese werden jedoch nicht ausgegeben, also z. B. gedruckt. Sie können die aktuelle Ansicht in den *Ansichtseinstellungen* **D** anpassen. Auf der linken Seite sehen Sie die Icons der *Werkzeuge* **B**. Dort finden Sie vielfältige Möglichkeiten, Objekte zu erstellen und zu bearbeiten. Auf einige werden wir in diesem Kapitel näher eingehen. In der *Steuerungspalette* **A** erscheinen stets Einstellungen, die zur Auswahl passen, in der Abbildung oben ist gerade das Quadrat ausgewählt, passend werden u. a. Einstellungen zu Farbe und Kontur angeboten. Weitere Einstellungsmöglichkeiten finden Sie in den Dialogfenstern (**E** und **F**) auf der rechten Seite. Sie können diese Dialogfenster im Menü (*Fenster*) ein- und ausblenden.

6.4.1 Auswahlwerkzeuge

Auswahlwerkzeuge dienen zur Auswahl eines Pfades oder mehrerer Pfade bzw. Objekte.

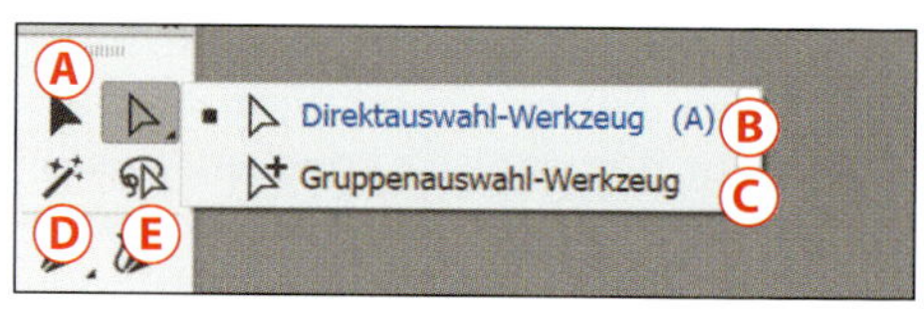

- *Auswahl-Werkzeug* **A**:
  Dient zur Auswahl von einem oder mehreren Objekten.
- *Direktauswahl-Werkzeug* **B**:
  Hiermit können Sie auch nur Teile von Objekten, also z. B. nur einen Punkt, auswählen.
- *Gruppenauswahl-Werkzeug* **C**:
  Wählt einzelne Objekte einer Gruppe aus. Durch fortlaufendes Klicken werden weitere Objekte ausgewählt.
- *Zauberstab-Werkzeug* **D**:
  Dient zum Auswählen gleicher Eigenschaften, Sie können damit z. B. alle gleichfarbigen Objekte mit einem Klick auswählen.
- *Lasso-Werkzeug* **E**:
  Hiermit können Sie Bereiche Ihres Dokumentes umfahren, um diese auszuwählen.

6.4.2 Grundobjekte

In Vektorgrafikprogrammen wie Adobe Illustrator stehen Ihnen verschiedene Werkzeuge zur Grafikerstellung zur Verfügung.

Pfadwerkzeuge
Sie dienen zur Erstellung und Bearbeitung von Pfaden.

- *Zeichenstift-Werkzeug* **A**:
  Ein Klicken erzeugt einen Punkt bzw. eine Ecke, ein Ziehen eine Kurve.
- *Ankerpunkt-hinzufügen-Werkzeug* **B**, *Ankerpunkt-löschen-Werkzeug* **C**:
  Sie können mit diesen Werkzeugen durch Klicken Punkte auf einer Linie hinzufügen oder existierende Punkte löschen.
- *Ankerpunkt-Werkzeug* **D**:
  Mit diesem Werkzeug können Sie existierende Punkte von einer Kurve in einen Eckpunkt (durch Klick auf den Punkt) oder von einem Eckpunkt in eine Kurve (durch Ziehen am Punkt) umwandeln.
- *Kurvenzeichner* **E**:
  Das Werkzeug *Kurvenzeichner* erleichtert Ihnen das Zeichnen von Kurven.
- *Pinsel-Werkzeug* **F**, *Buntstift-Werkzeug* **G**:
  Nutzen Sie diese Werkzeuge, wenn Sie Freiformen darstellen wollen. Durch Doppelklick auf die Werkzeuge können Sie u. a. die Glättung beim Zeichnen einstellen.

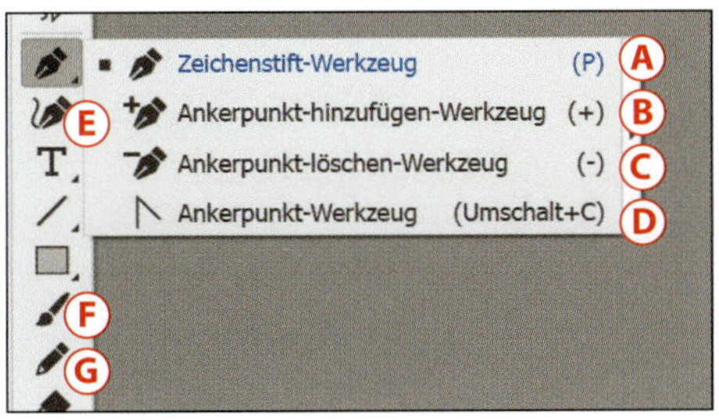

Linien-Werkzeuge
Für das Erstellen von einzelnen Linien bieten Ihnen diese Werkzeuge Vorteile gegenüber der manuellen Zeichnung mit dem *Zeichenstift-Werkzeug*.

Die Linien-Werkzeuge können durch einfachen Klick oder durch Ziehen erzeugt werden. Beim Erzeugen durch Klicken werden die Einstellungsmöglichkeiten angezeigt (siehe Abbildung unten). Beim Erstellen durch Ziehen können mit zusätzlichen Tasten die

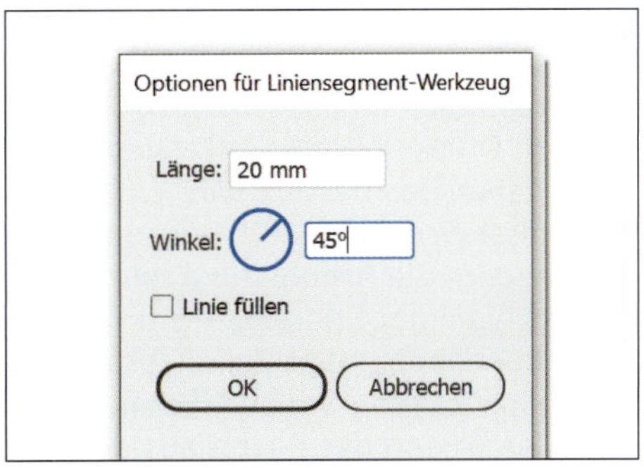

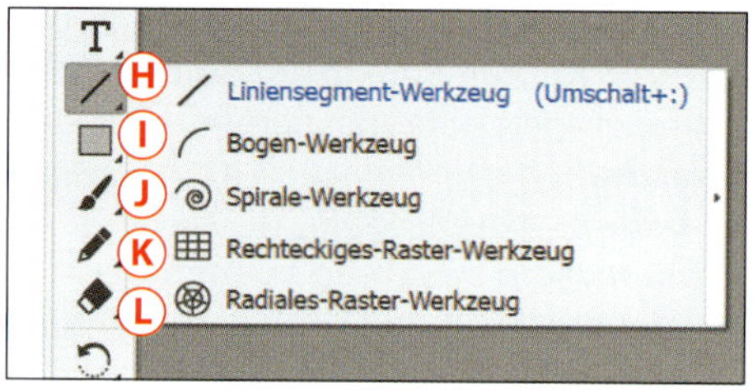

Einstellungen direkt beim Aufziehen der Linien verändert werden:

- *Liniensegment-Werkzeug* **H**:
  Durch Drücken der Shift-Taste beim Aufziehen der Linie wird der Winkel der Linie zur Horizontalen auf 45° Stufen begrenzt. Durch Drücken der Alt-Taste kann die Linie aus der Mitte heraus aufgezogen werden statt nach rechts.
- *Bogen-Werkzeug* **I**:
  Durch Drücken der Shift-Taste beim Aufziehen der Linie wird der Bogen zu einem Viertelkreis. Durch Drücken der Alt-Taste kann der Bogen aus der Mitte heraus aufgezogen werden statt nach rechts.
- *Spirale-Werkzeug* **J**:
  Durch Drücken der Shift-Taste beim Aufziehen der Spirale wird der Winkel von Start- und Endpunkt zur Horizontalen auf 45° Stufen begrenzt. Die Pfeiltasten verändern die Länge der Spirale (oben: mehr Segmente, unten: weniger Segmente). Durch Drücken der Alt-Taste kann die Stärke der Verjüngung der Spirale verändert werden.
- *Rechteckiges-Raster-Werkzeug* **K**:
  Durch Drücken der Shift-Taste beim Aufziehen des Rasters wird ein Quadrat erzeugt. Die Pfeiltasten verändern die Anzahl der Rasterzellen (links: weniger Spalten, rechts: mehr Spalten, oben: mehr Zeilen, unten: weniger Zeilen). Durch Drücken der Alt-Taste kann das Raster aus der Mitte heraus aufgezogen werden statt nach rechts.
- *Radiales-Raster-Werkzeug* **L**:
  Durch Drücken der Shift-Taste beim Aufziehen des Rasters wird ein Kreis erzeugt. Die Pfeiltasten verändern die Anzahl der Kreiszellen (links: weniger „Kuchenstücke", rechts: mehr „Kuchenstücke", oben: mehr Ringe, unten: weniger Ringe). Durch Drücken der Alt-Taste kann das Raster aus der Mitte heraus aufgezogen werden statt nach rechts.

Grundformen-Werkzeuge
Sie dienen zur Erstellung einfacher Grundformen als Basis für Grafiken. Alle Grundformen-Werkzeuge können durch einen einfachen Klick oder durch Ziehen erzeugt werden.

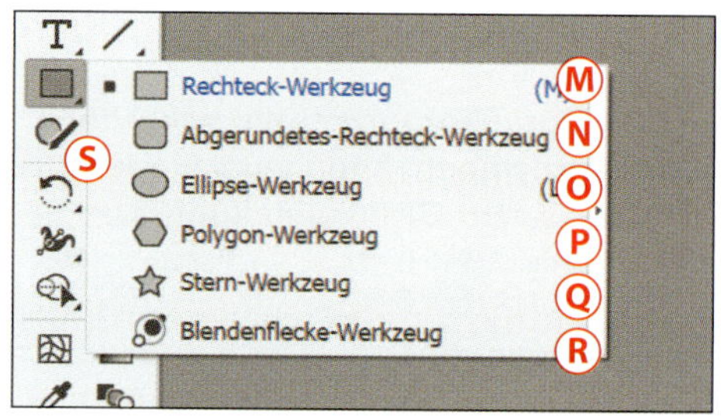

Beim Erzeugen durch Klicken werden die Einstellungsmöglichkeiten angezeigt (siehe Abbildung unten), diese Einstellungen können auch nachträglich durch

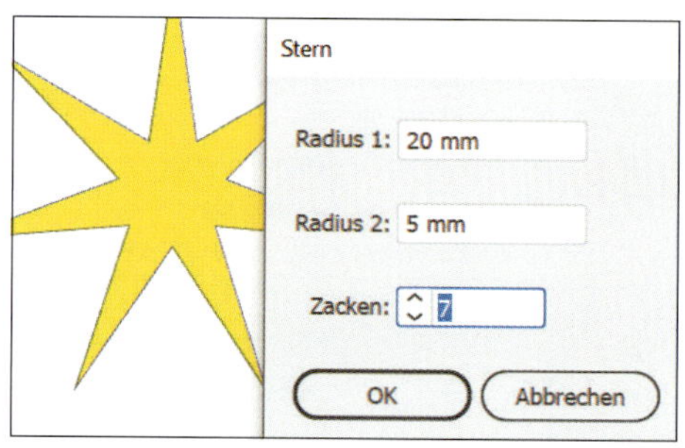

Klick auf die Fläche der Grundform mit dem aktiven Grundformen-Werkzeug verändert werden. Beim Erstellen durch Ziehen können mit zusätzliche Tasten die Einstellungen direkt beim Aufziehen der Grundform verändert werden:

- *Rechteck-Werkzeug* **M**:
  Durch Drücken der Shift-Taste beim Aufziehen des Rechtecks wird ein Quadrat erzeugt. Durch Drücken der Alt-Taste kann es aus der Mitte heraus aufgezogen werden statt nach rechts unten.
- *Abgerundetes-Rechteck-Werkzeug* **N**:
  Durch Drücken der Shift-Taste beim Aufziehen des Rechtecks wird ein abgerundetes Quadrat erzeugt. Die Pfeiltasten verändern die Rundung des Rechtecks (links: keine Rundung, rechts: maximale Rundung, oben: Rundung erhöhen, unten: Rundung verringern). Durch Drücken der Alt-Taste kann es aus der Mitte heraus aufgezogen werden statt nach rechts unten.
- *Ellipse-Werkzeug* **O**:
  Durch Drücken der Shift-Taste beim Aufziehen der Ellipse wird ein Kreis erzeugt. Durch Drücken der Alt-Taste kann es aus der Mitte heraus aufgezogen werden statt nach rechts unten.
- *Polygon-Werkzeug* **P**:
  Durch Drücken der Shift-Taste beim Aufziehen eines Polygons wird eine Kante des Polygons parallel zur Horizontalen gesetzt. Die Pfeiltasten verändern die Anzahl der Ecken (oben: mehr Ecken, unten: weniger Ecken).
- *Stern-Werkzeug* **Q**:
  Durch Drücken der Shift-Taste beim Aufziehen eines Sterns werden die Spitzen des Sterns an der Horizontalen ausgerichtet. Die Pfeiltasten verändern die Anzahl der Spitzen (oben: mehr Spitzen, unten: weniger Spitzen). Durch Drücken der Strg- bzw. Ctrl-Taste können die Spitzen verlängert oder verkürzt werden. Die Alt-Taste bewirkt, dass die von den Spitzen wegführenden Kanten auf den übernächsten Punkt zeigen.
- *Blendenflecke-Werkzeug* **R**:
  Die Pfeiltasten verändern die Anzahl der Strahlen (oben: mehr Strahlen, unten: weniger Strahlen). Wegen der vielen Einstellmöglichkeiten sollten Sie Blendenflecke besser durch Klicken statt durch Ziehen erzeugen.
- *Shaper-Werkzeug* **S**:
  Dieses Werkzeug versucht die gezeichnete Form zu „erraten" und zeichnet dann z. B. aus einem frei Hand gezeichneten, ungenauen Kreis einen exakten Kreis.

6.4.3 Eigenschaften

Die Bearbeitung von Vektorgrafiken unterscheidet sich von der Bearbeitung von Pixelgrafiken. Eigenschaften sind nicht einem unabhängigen Pixel zugeordnet, sondern der jeweiligen Kurve bzw. dem Objekt. Zur Zuweisung von

Dialogfenster
Einstellung der Flächen- und Konturfarbe bzw. Einstellung der Kontur

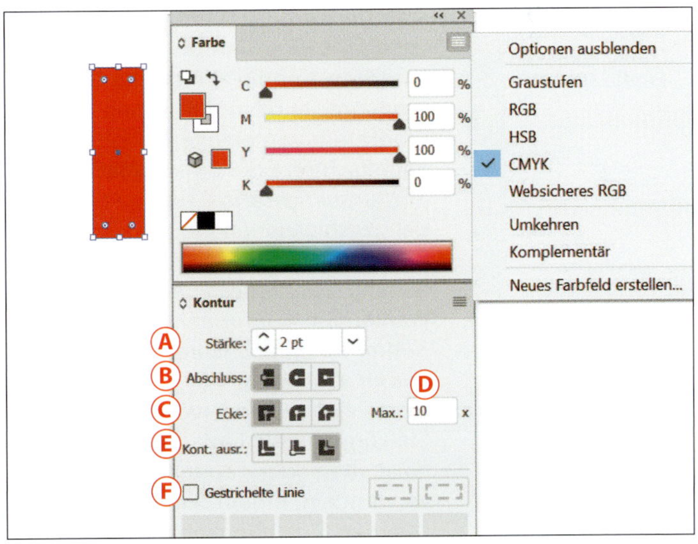

Eigenschaften, wie z. B. der Farbe einer Fläche oder der Farbe und Stärke einer Kontur, müssen Sie die Kurve an einer Stelle mit dem *Auswahl-Werkzeug* anklicken und die Eigenschaften in den Dialogfenstern einstellen. Im Dialogfenster *Farbe* können Sie den gewünschten Farbraum und Farbwert einstellen. Im Dialogfenster *Kontur* sind folgende Einstellungen möglich:

- *Stärke* **A** (vorige Seite):
  Hier können Sie die Dicke einer Linie einstellen, vermeiden Sie Linienstärken kleiner als 0,25 pt, da diese ggf. im Druck nicht erscheinen.
- *Abschluss* **B** (vorige Seite):
  Sie können zwischen den Optionen *Abgeflacht*, *Abgerundet* und *Überstehend* für den Abschluss von Linien wählen.
- *Ecke* **C** (vorige Seite):
  Diese Einstellung definiert das Aussehen von Ecken bei Linien:
  Sie können zwischen *Gehrungsecken* (spitze bzw. abgeflachte Ecken, je nach eingestellter *Gehrungsgrenze*), *Abgerundete Ecken* und *Abgeflachte Ecken* wählen.
- *Gehrungsgrenze* **D** (vorige Seite):
  Legen Sie eine Gehrungsgrenze zwischen 1 und 500 fest. Die Gehrungsgrenze bestimmt, wann das Programm von einer spitzen zu einer abgeflachten Ecke umschaltet.
- *Konturausrichtung* **E** (vorige Seite):
  Bei geschlossenen Pfaden können Sie auswählen, wie die Kontur sich entlang des Pfades ausrichten soll: Wählen Sie *Kontur mittig ausrichten*, *Kontur innen ausrichten* oder *Kontur außen ausrichten*.
- *Gestrichelte Linie* **F** (vorige Seite):
  Sie können eine Linie zu einer gestrichelten oder gepunkteten Linie verwandeln, indem Sie die entsprechenden Einstellungen vornehmen.

Konturen skalieren

Gemäß den Standardeinstellungen werden Konturen beim Skalieren in ihrer Stärke beibehalten, dadurch werden Sie beim Skalieren relativ zu anderen Objekten dicker bzw. dünner. Es gibt zwei Möglichkeiten, dies zu verhindern:

- Wandeln Sie die Kontur in eine Fläche um (*Objekt* > *Pfad* > *Konturlinie*).
- Aktivieren Sie unter *Bearbeiten* > *Voreinstellungen* > *Allgemein* (Windows) bzw. *Illustrator* > *Voreinstellungen* > *Allgemein* die Option *Konturen und Effekte skalieren*.

6.4.4 Beziehung zwischen Objekten

Die Beziehung mehrerer Objekte zueinander können Sie über verschiedene Dialogfenster einfach regeln. Für alle Einstellmöglichkeiten müssen Sie ggf. weitere Optionen einblenden, Klicken Sie hierzu auf das kleine Symbol rechts oben in der Ecke des Dialogfensters.

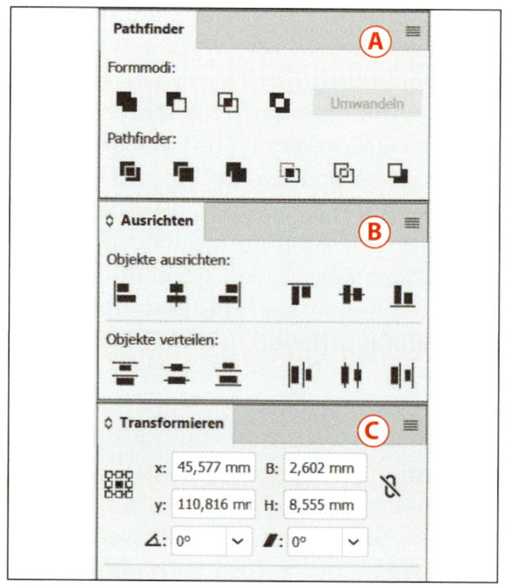

- *Pathfinder* **A**:
  Kombiniert Objekte, z. B. können Sie damit Objekte miteinander verbinden, Objekte voneinander abziehen oder eine Schnittmenge zwischen Objekten bilden.
- *Ausrichten* **B**:
  Dieses Dialogfenster dient zum Ausrichten der ausgewählten Objekte zueinander oder in Bezug auf die Zeichenfläche.
- *Transformieren* **C**:
  Ermöglicht es, Objekte auf der Zeichenfläche zu positionieren, modifiziert Breite und Höhe des Objektes und erzeugt, wenn gewünscht, eine Drehung oder Neigung des Objektes.

6.4.5 Objekte erstellen

Damit Sie sehen, wie Sie die vielfältigen Möglichkeiten nutzen und kombinieren können, die Ihnen Adobe Illustrator bietet, werden wir nun beispielhaft Schritt für Schritt das hier abgebildete Logo erstellen.

Making of ...

1 Erstellen Sie mit dem *Rechteck-Werkzeug* ein Rechteck und legen Sie im Dialogfenster *Farbe* **A** für die Fläche die Farbe Rot fest. Ändern Sie ggf. die Kontur-Stärke **B** auf *0 pt*.

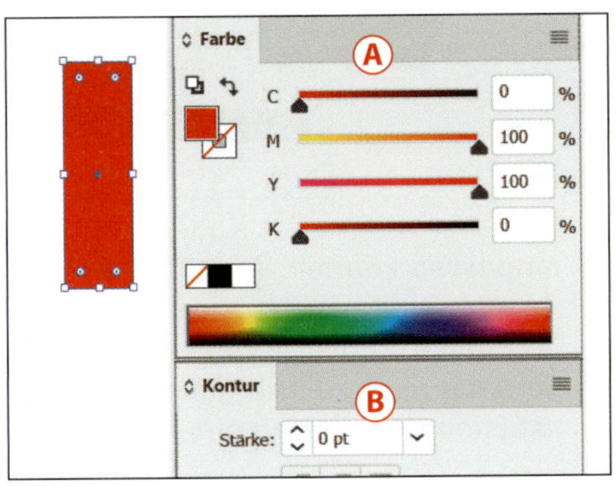

2 Markieren Sie nun mit dem *Direktauswahl-Werkzeug* die oberen beiden Punkte des Rechtecks und betätigen Sie einige Male die Pfeiltaste Links.

3 Verschieben Sie nun das Parallelogramm mit gedrückter Shift- und gedrückter Alt-Taste etwas nach rechts. Die Shift-Taste bewirkt, dass sich beim Verschieben entweder nur die x- oder die y-Position ändert. Die Alt-Taste erzeugt beim Verschieben eine Kopie des Objektes.

4 Wählen Sie im Dialogfenster *Transformieren* die Aktion *Horizontal spiegeln* **C** (Sie finden solche Aktionen auch im Menü, in diesem Fall unter *Objekte > Transformieren > Spiegeln...*).

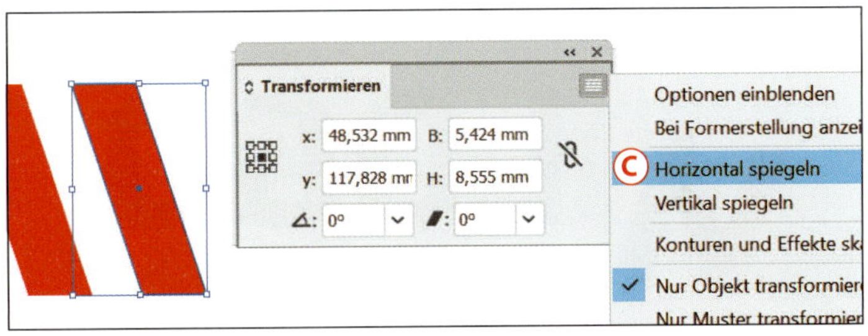

5 Erstellen Sie eine weitere Kopie des ersten Parallelogramms durch Verschieben mit der Shift- und der Alt-Taste. Ändern Sie Positionen und Farben der Parallelogramme entsprechend der Abbildung.

6 Gruppieren Sie die drei Parallelogramme, indem Sie alle drei mit dem *Auswahl-Werkzeug* markieren und im Menü *Objekt > Gruppieren* auswählen.

7 Platzieren Sie rechts neben den Parallelogrammen mit dem *Text-Werkzeug* einen Schriftzug.

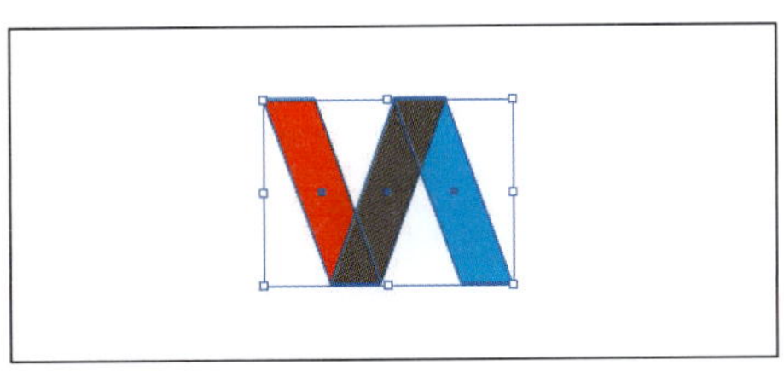

Gleichen Sie die Höhe der Parallelogramme und des Schriftzuges aneinander an. Wählen Sie einen Schriftschnitt, bei dem die Stärke der Buchstaben im Idealfall der Breite der Parallelogramme entspricht.

8 Nutzen Sie das Dialogfenster *Ausrichten* **D**, um Schriftzug und Parallelogramme auf die gleiche Höhe zu bringen.

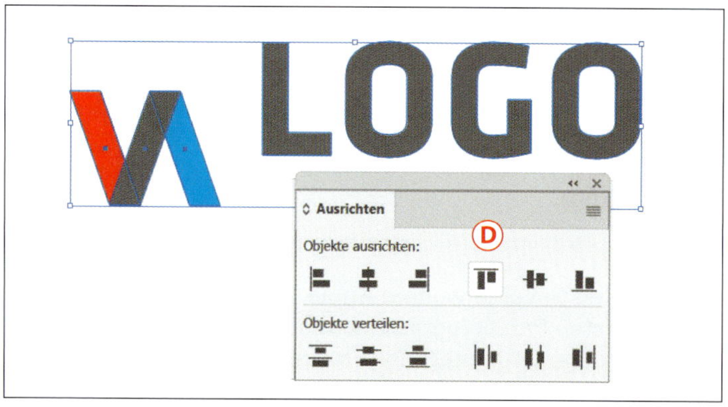

9 Wenn Sie sich sicher sind, dass sich Text, Schrift und Schriftschnitt nicht mehr ändern, dann wählen Sie im Menü *Schrift > In Pfade umwandeln*. Dies hat den Vorteil, dass es keine Probleme geben kann, falls die Schrift nicht installiert ist. Außerdem können Sie so auch Veränderungen an der Schrift vornehmen, wie unten beispielhaft gezeigt.

10 Wenn gewünscht können Sie mit Hilfe des Dialogfensters *Verlauf* **E**

auch eine 3D-Variante des Logos erstellen, wie oben gezeigt.

11 Sie können aus dem Dialogfeld *Farbfelder* die gewünschten Farben in den Verlauf **F** hineinziehen. Wenn Sie, während Sie den Verlauf bearbeiten, in der Werkzeugleiste das *Verlaufswerkzeug* **G** auswählen, erscheint direkt im Objekt ein Verlaufsbalken **H**, den Sie dort direkt

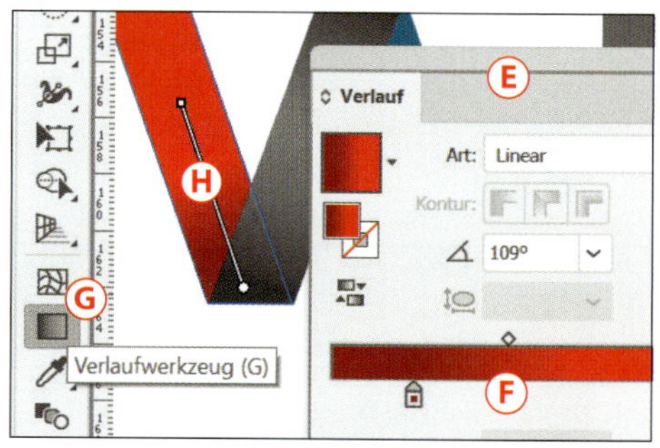

anpassen können. Wählen Sie diese Methode z. B. auch, um einen Kreis mit einem radialen Verlauf zu erstellen, der nicht zentriert ausgerichtet ist (siehe Abbildung unten).

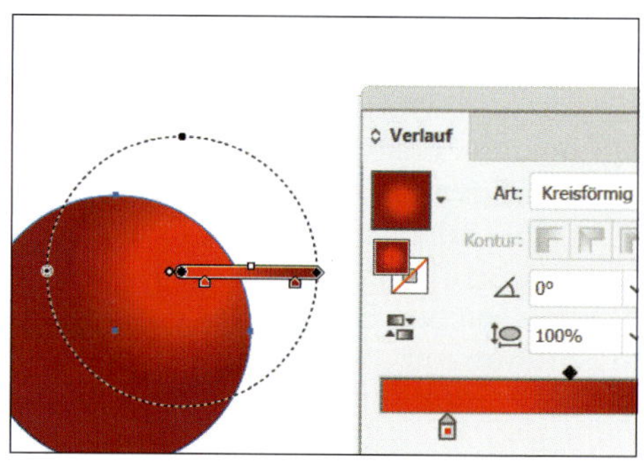

6.4.6 Konvertierung

Von der Pixelgrafik zur Vektorgrafik
Viele Vektorgrafikprogramme bieten die Option, Pixelgrafiken als Vorlage in ein Dokument zu laden und dann zu vektorisieren. Durch die Konvertierung ist es möglich, dass Sie Pixelgrafiken als Vektorgrafiken weiterbearbeiten und auflösungsunabhängig skalieren können. Die Abbildung rechts oben zeigt die Einstellmöglichkeiten bei der Konvertierung in Adobe Illustrator. In der *Steuerungspalette* erscheint automatisch ein Button *Bildnachzeichner*, wenn eine Pixelgrafik in Illustrator markiert ist.

Von der Vektorgrafik zur Pixelgrafik
Die Konvertierung von einer Vektorgrafik zur Pixelgrafik wird notwendig, wenn die Grafik z. B. auf einer Webseite als Pixelgrafik verwendet werden soll (*Objekt > In Pixelbild umwandeln...*). Die Konvertierung kann aber auch durch Speichern in ein Pixelformat erfolgen.

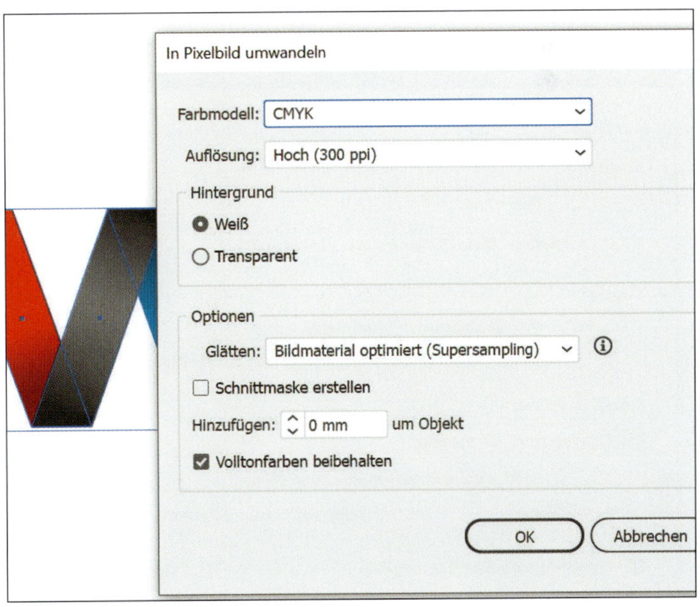

6.4.7 Speichern

Beim Speichern Ihrer Grafik wählen Sie das für den Ausgabeprozess passende Dateiformat.

- *Druck*
  Für den Druck speichern Sie Vektorgrafiken z. B. im EPS-Format (*Datei > Speichern*).
- *Browser*
  Für die Ausgabe im Browser steht das Vektordateiformat SVG zur Verfügung. SVG ist von allen aktuellen Browsern ohne Plug-in darstellbar (*Datei > Speichern*). Die Speicherung als JPG, GIF, PNG-8 oder PNG-24 wandelt Ihre Vektorgrafik automatisch in eine Pixelgrafik um (*Datei > Exportieren > Für Web speichern (Legacy)...*).

6.4.8 SVG – Scalable Vector Graphics

Wie die Pixelformate JPG, PNG und GIF zeigen alle aktuellen Browser das Vektorgrafikformat SVG ohne Plug-in an. Mit Programmen wie z. B. Illustrator können Sie herkömmlich erstellte Vektorgrafiken als SVG abspeichern und damit automatisch den SVG-Code erzeugen. Der SVG-Code kann in HTML5, wie die Pixelformate über das *img*-Tag eingebunden, aber auch direkt in den Quellcode eingebettet werden. Das SVG-Format ist XML-basiert. Durch den editierbaren Code einer SVG-Grafik sind Veränderungen von Form, Position und Farbe wie auch Animationen z. B. über CSS oder JavaScript ohne großen Aufwand möglich.

Große Vorteile sind außerdem die geringe Dateigröße und die unbegrenzte Skalierbarkeit ohne Qualitätsverlust. Besonders bei Webseiten, die mit mobilen Endgeräten betrachtet werden, ist dies bedeutsam, da beim Hineinzoomen eines Nutzers Grafiken so immer scharf dargestellt werden. Beispiele für Einsatzbereiche von SVG-Grafiken im Web sind:

- Logo/Signet
- Infografik
- Statische und animierte Grafiken
- Animiertes Lade-Icon

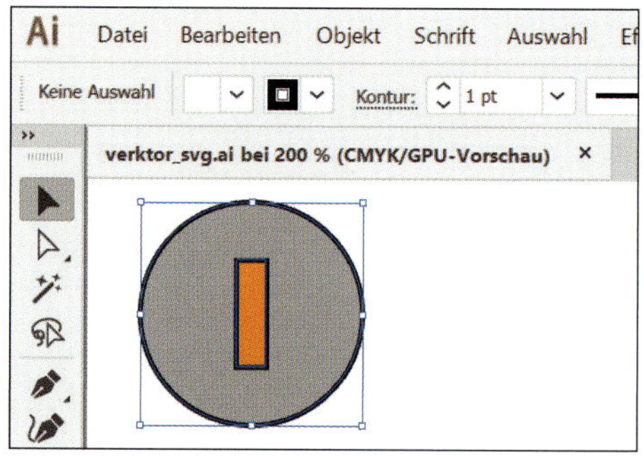

SVG-Code

```
<svg id="Ebene_1" data-name="Ebene 1"
xmlns="http://www.w3.org/2000/svg"
viewBox="0 0 93.5 93.5">
  <defs>
    <style>
      .cls-1 {
        fill:#b9b9ba;
      }
      .cls-1,.cls-2 {
        stroke:#141412;
        stroke-miterlimit:10;
        stroke-width:2px;
      }
      .cls-2 {
        fill:#db9e25;
      }
    </style>
  </defs>
  <title>
    verktor_svg
  </title>
  <circle class="cls-1" cx="46.75"
  cy="46.75" r="45.75"/>
  <rect class="cls-2" x="40.51"
  y="24.89" width="12.48"
  height="43.73"/>
</svg>
```

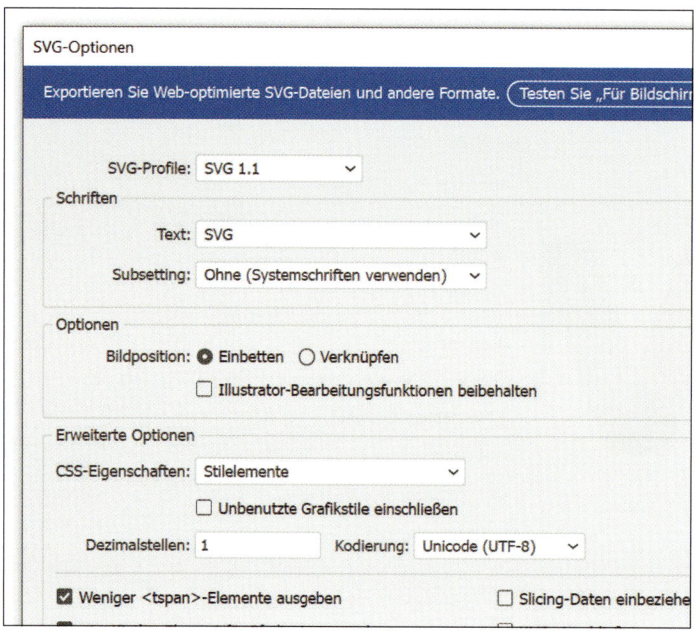

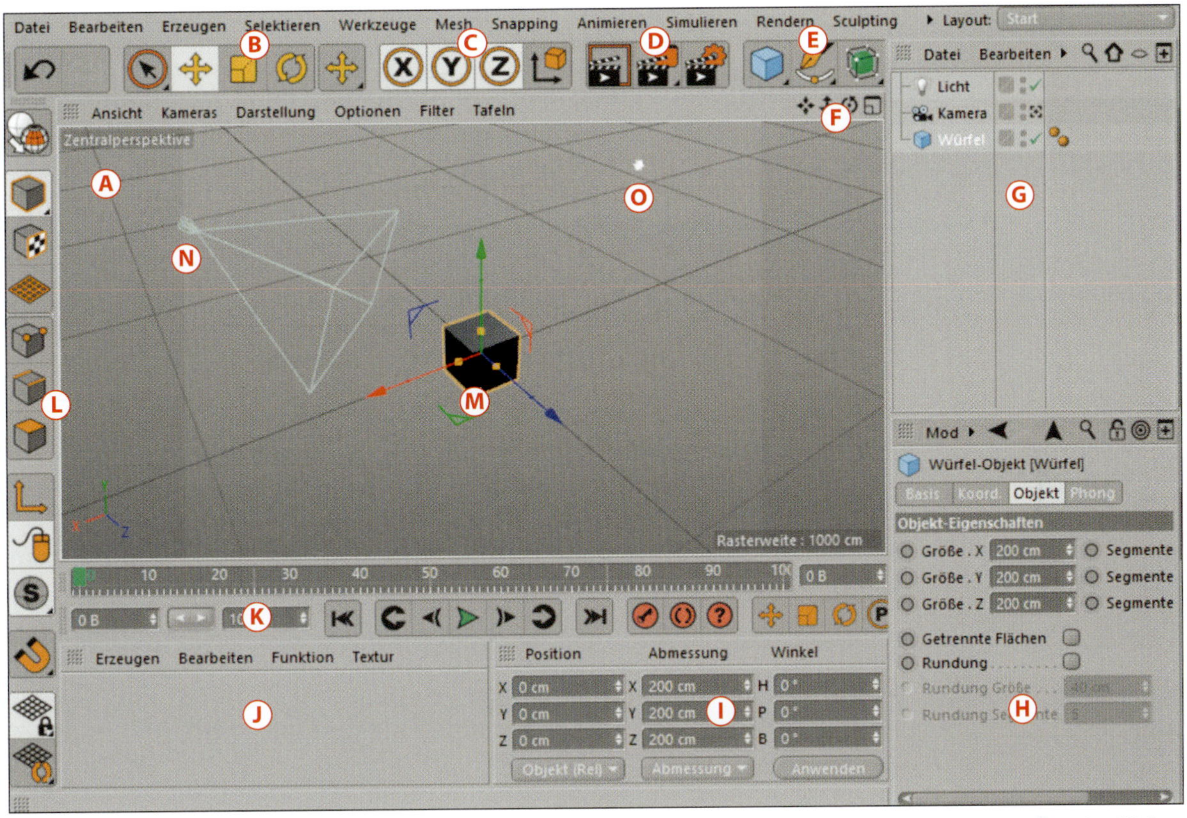

Programmoberfläche von Cinema 4D

- **A** Editor mit Weltraster
- **B** Objektwerkzeuge
- **C** Achsenbeschränkungen
- **D** Rendern
- **E** Objekterzeugung
- **F** Navigation und Ansicht
- **G** Objekt-Manager
- **H** Attribute-Manager
- **I** Koordinaten-Manager
- **J** Material-Manager
- **K** Animationswerkzeuge mit Zeitleiste
- **L** Linke Befehlspalette
- **M** Objekt
- **N** Kamera
- **O** Lichtquelle

In Cinema 4D können Sie dreidimensionale Objekte „zeichnen" und diese – wenn gewünscht – in Bewegung versetzen. Das „4D" bedeutet 3D plus die Dimension Zeit. Die Räumlichkeit wird durch die farbige Pfeildarstellung der drei Raumachsen deutlich.

In der 2D-Grafik blicken Sie durch ein Fenster auf die Arbeitsoberfläche. Sie können das Fenster mit den Scrollbalken verschieben und durch Zoomen mit der Lupe einen Ausschnitt detaillierter betrachten oder einen Überblick über die gesamte Grafik bekommen. In der 3D-Grafik blicken Sie nicht durch ein Fenster, sondern durch eine Kamera auf den Arbeitsbereich im Raum. Diese sogenannte Editor-Kamera ist nicht die Kamera **N**, die Sie im Screen sehen. Eigentlich logisch, da Sie ja die Kamera, durch die Sie schauen, nicht gleichzeitig als Objekt sehen können. Die Kamera im Screen ist Teil der dargestellten Szene und kann beim Rendern als Kamera eingesetzt werden.

Ein Objekt **M** besitzt Griffe (orangene Würfel) zur Größenänderung und Raumachsen zur Verschiebung im Raum. Die x-Achse ist rot, die y-Achse grün und die z-Achse blau. Es gibt vielfältige Möglichkeiten, Objekte zu erstellen, einige werden Ihnen in diesem Kapitel vorgestellt. Fertigen Objekten können dann Materialien zugewiesen werden; mit der passenden Beleuchtung wird das Objekt dann richtig in Szene gesetzt.

6.5.1 Punkt und Linie (Spline)

Ein Punkt ist die Basis für die 2D- und 3D-Vektorgrafik. Wie ein Pixel besitzt auch ein Punkt in einer Vektorgrafik keine geometrische Größe. Ein Punkt wird durch seine Position definiert. Die Position wird – jeweils auf den Nullpunkt des Systems bezogen – in der Fläche durch x- und y-Koordinaten und im Raum zusätzlich durch die z-Koordinate, der dritten Dimension, beschrieben.

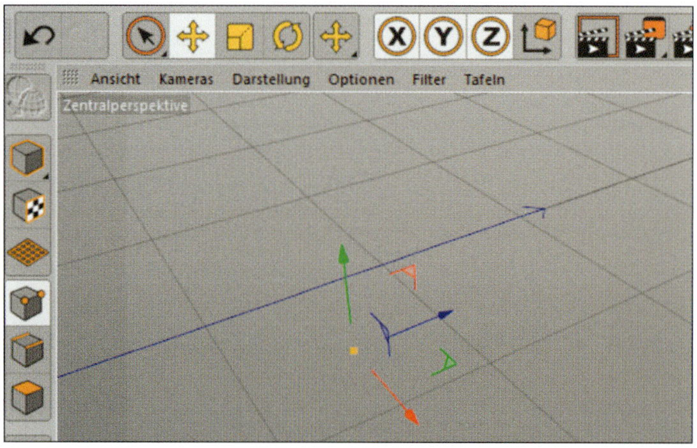

Punkt in der 3D-Vektorgrafik

Ein Punkt hat eine Position im Raum, aber keine geometrische Ausdehnung.

Die Verbindung zweier Punkte ergibt eine Linie. In 3D-Grafikprogrammen werden Linien mit unterschiedlichen mathematischen Modellen beschrieben.

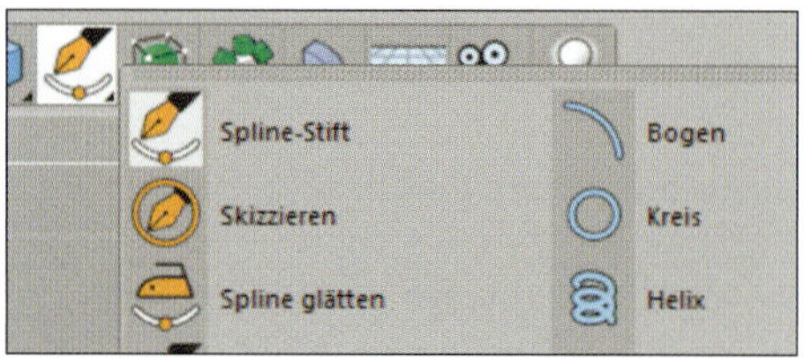

Menü zum Einfügen einer Linie in die Szene

Eine Linie wird in Cinema 4D als Spline bezeichnet. Linien sind in 3D-Grafikprogrammen grundsätzlich erst einmal nicht sichtbar, sie werden erst sichtbar, wenn sie zu einem Körper mit einem Volumen werden.

Linen können – außer als Teil eines Objektes – auch z. B. als „Schiene" für eine Kamerafahrt oder als Animationspfad eines bewegten Objekts eingesetzt werden. Linien bzw. Kurven können beispielsweise auch als Profil für einen Rotationskörper dienen.

6.5.2 Grundobjekte

Cinema 4D stellt eine Auswahl an Grundobjekten bereit, die eingefügt und verändert werden können.

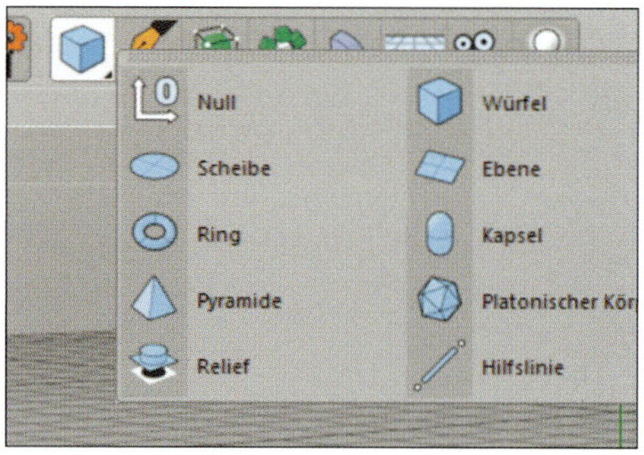

Wir werden nun beispielhaft aus einem Würfel einen USB-Stick modellieren.

Making of …

1 Öffnen Sie in Cinema 4D eine neue Szene im Menü *Datei > Neu*, falls nicht bereits eine leere Szene geöffnet ist.

2 Fügen Sie durch Anklicken das Grundobjekt *Würfel* ein.

3 Konvertieren Sie den Würfel zur weiteren Bearbeitung im Menü *Mesh > Konvertieren > Grundobjekt konvertieren*.

4 Nach dem Konvertieren können Sie über die Icons *Punkte bearbeiten* **A**, *Kanten bearbeiten* **B** und *Polygone bearbeiten* **C** den Würfel nach

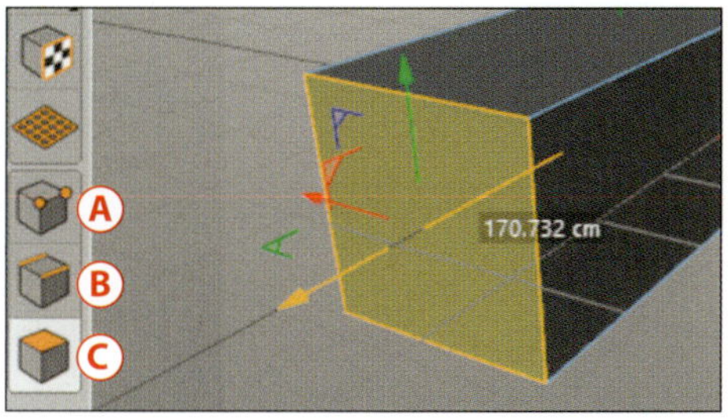

Belieben bearbeiten. Nutzen Sie den Modus *Polygone bearbeiten* **C**, um den Würfel in die Form eines USB-Sticks zu bringen. Markieren Sie hierzu eine Fläche und ziehen Sie an einem Achsenpfeil.

5 Wählen Sie für den USB-Stecker die vordere Fläche **D** aus und wählen Sie im Menü den Befehl *Mesh > Erstellen > Innen extrudieren* **F**.

6 Ziehen Sie nun mit gedrückter linker Maustaste an der Fläche für

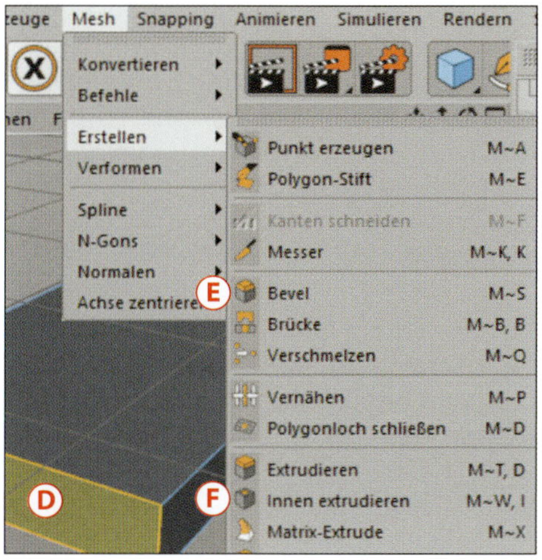

den passenden *Offset* **G** (Rand), der stehen bleiben soll, und ziehen Sie anschließend an dem Achsenpfeil **H** für die Tiefe des USB-Steckers.

7 Wählen Sie für eine Verrundung die vier Kanten des Gehäuses aus, indem Sie mit der Shift-Taste eine Kante nach der anderen zur Auswahl hinzufügen. Wählen Sie nun im Menü den Befehl *Mesh > Erstellen > Bevel* **E**.

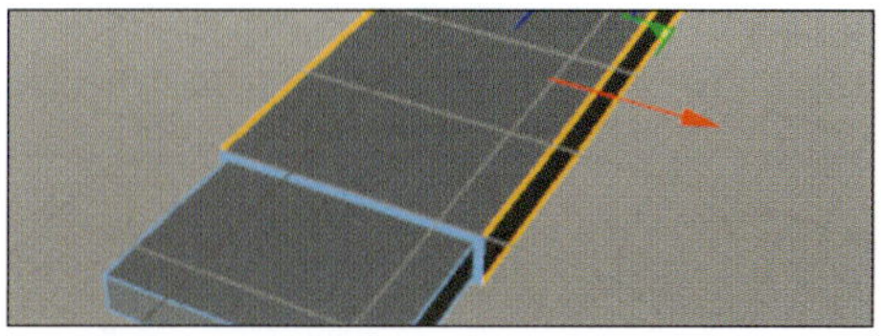

8 Den Bereich der Rundung bestimmen Sie durch Ziehen an der Kante **I**. Der Wert für die *Unterteilung* **J** bestimmt die Feinheit der Rundung.

9 Für die Vertiefung im Stecker nutzen wir nun das Werkzeug *Mesh > Erstellen > Messer*. Teilen Sie die

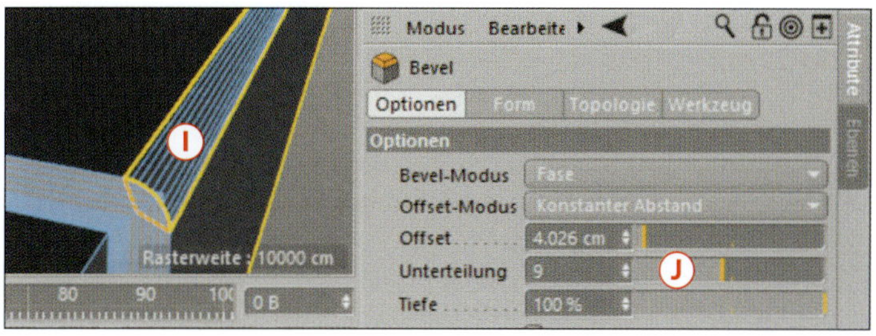

Fläche horizontal etwa im Verhältnis 1/3 zu 2/3. Wählen Sie nun die größere Fläche **L** aus und wählen Sie im Menü den Befehl *Mesh > Erstellen > Innen extrudieren*. Nachdem Sie durch Ziehen an der Fläche **L** den *Offset* (Rand) bestimmt haben, ziehen Sie an dem Achsenpfeil **K** für die Tiefe der Vertiefung.

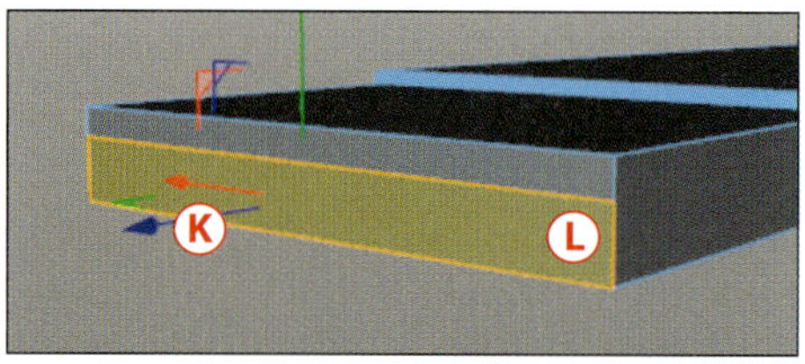

10 Nun fehlen noch die zwei quadratischen Vertiefungen im USB-Stecker. Nutzen Sie hierzu das Werkzeug *Mesh > Erstellen > Messer*. Zerteilen Sie die Fläche, wie in der Abbildung zu sehen.

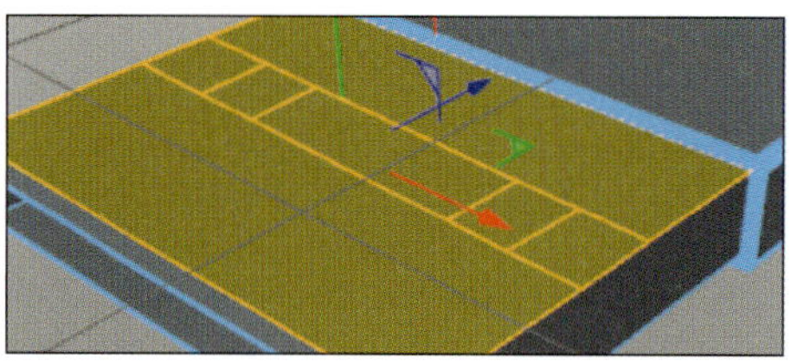

11 Wählen Sie nun mit der Shift-Taste die beiden Quadrate aus und wählen Sie im Menü den Befehl *Mesh > Erstellen > Innen extrudieren*. Ziehen Sie nun mit gedrückter linker Maustaste an den Flächen für einen kleinen *Offset* (Rand) und ziehen Sie anschließend an dem Achsenpfeil für die Tiefe der quadratischen Vertiefungen.

12 Rendern Sie den USB-Stick durch Klick auf das Icon *Aktuelle Ansicht rendern* **M**. Sie können das Rendern auch über *Im Bildmanager rendern* **N** durchführen und die *Rendervoreinstellungen bearbeiten...* **O**.

13 Wenn Sie das gerenderte Bild abspeichern möchten, dann wählen Sie *Im Bildmanager rendern* **N** und speichern Sie das Bild über *Speichern als...* **P**.

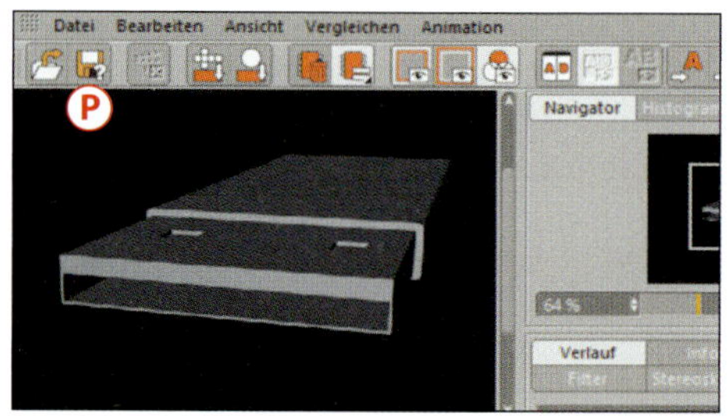

6.5.3 Nurbs-Objekte

Es gibt in Cinema 4D einige Funktionen zur Erstellung von Körpern auf der Basis von Linien. Der Begriff *Nurbs* (Non-Uniform Rational B-Splines) bezeichnet Kurven im dreidimensionalen Raum. Als Beispiel für Nurbs-Objekte erstellen wir einen einfachen Becher.

Making of ...

1 Öffnen Sie in Cinema 4D eine neue Szene im Menü *Datei > Neu*, falls nicht bereits eine leere Szene geöffnet ist.

2 Wechseln Sie die Ansicht über das Fenster-Icon **E** auf *Vorne*.

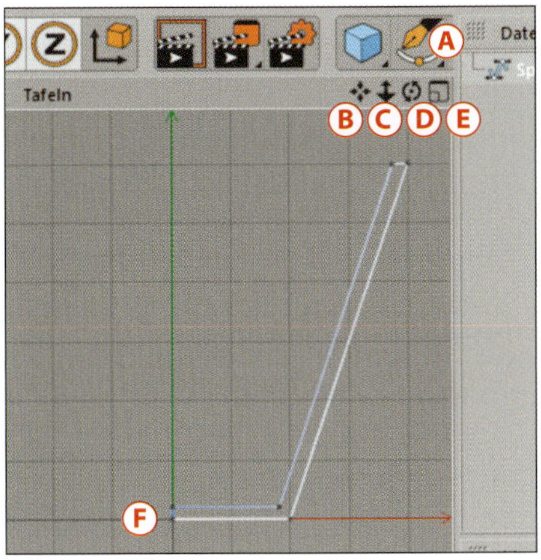

3 Zeichnen Sie das geschlossene Becherprofil mit dem *Spline-Stift* **A** durch Klicken mit der linken Maustaste. Beginnen Sie im Ursprung **F**. Wenn Sie beim Klicken die Maustaste gedrückt halten und mit der Maus ziehen, wird die Gerade zu einer Kurve. Wenn Sie die Ansicht ändern möchten, können Sie mit gedrückter Maustaste das *Verschieben-Icon* **B**, das *Zoom-Icon* **C** und das *Drehen-Icon* **D** nutzen.

4 Wählen Sie mit einem der Selektionswerkzeuge alle Punkte aus.

5 Fügen Sie das Nurbs-Objekt *Lathe* ein.

6 Ziehen Sie das *Spline-Objekt* unter das Objekt *Lathe* **G**. Wenn das Objekt Lathe markiert ist, können Sie im Fenster darunter die Eigenschaften des Objektes Lathe bearbeiten. So können Sie z. B. eine feinere Unterteilung **H**, z. B. 70, einstellen, dann wirkt die Rundung des Bechers schöner.

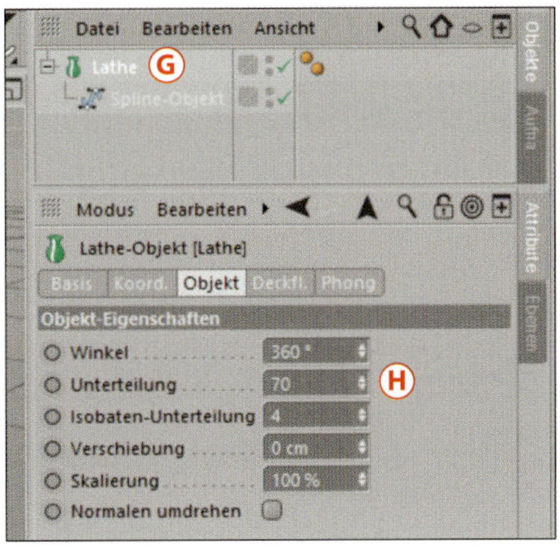

7 Rendern Sie nun den Becher durch Klick auf das Icon *Aktuelle Ansicht rendern*.

6.5.4 Funktionsobjekte

Funktionsobjekte eröffnen vielfältige Möglichkeiten zur Modellierung von Körpern. Beispielhaft wird hier das Funktionsobjekt *Metaball* für die Erstellung eines Gummibärchens vorgestellt.

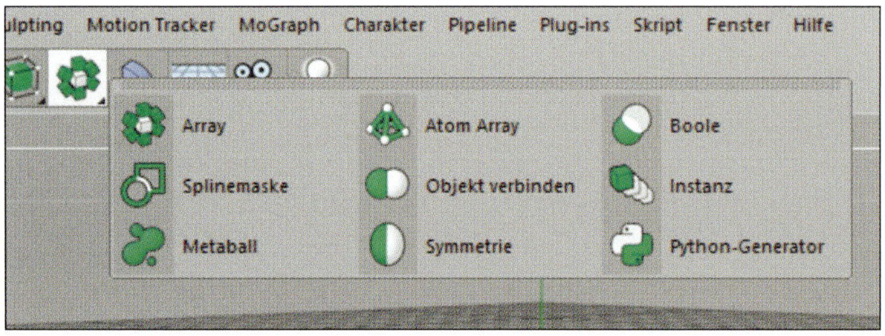

Making of …

1 Öffnen Sie in Cinema 4D eine neue Szene im Menü *Datei > Neu*, falls nicht bereits eine leere Szene geöffnet ist.

2 Fügen Sie zweimal das Grundobjekt *Kugel* ein.

3 Fügen Sie das Funktionsobjekt *Metaball* ein.

4 Ziehen Sie die Objekte *Kugel* unter das Objekt *Metaball* **A**.

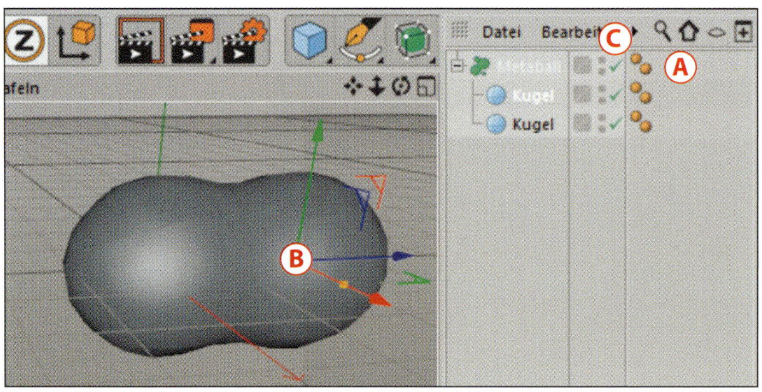

5 Markieren Sie eine der Kugeln **B** und verschieben Sie diese im Raum. Sie sehen nun die Auswirkung des Funktionsobjektes *Metaball*. Es verschmilzt mehrere Objekte zu einem, wie eine Gummihaut, die über beide Objekte gespannt wird. Sind die Objekte zu weit voneinander entfernt, „reißt" die Gummihaut.

6 Deaktivieren Sie für den nächsten Schritt das Objekt *Metaball* durch einen Klick auf den Haken **C**.

7 Fügen Sie nun nach und nach immer mehr Kugeln ein und verschieben Sie diese so, dass die Form eines Gummibärchens entsteht. Vergrößern bzw. verkleinern Sie den Radius der Kugeln nach Bedarf. Deaktivieren und Aktivieren Sie hierzu immer wieder das Objekt *Metaball*.

8 In der Abbildung sehen Sie eine mögliche Anordnung der Kugeln.

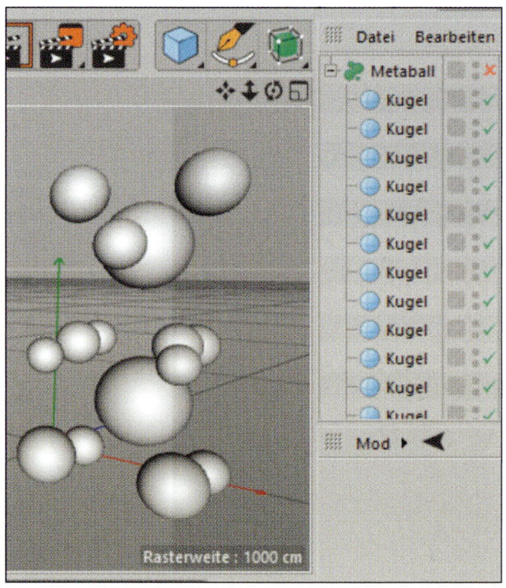

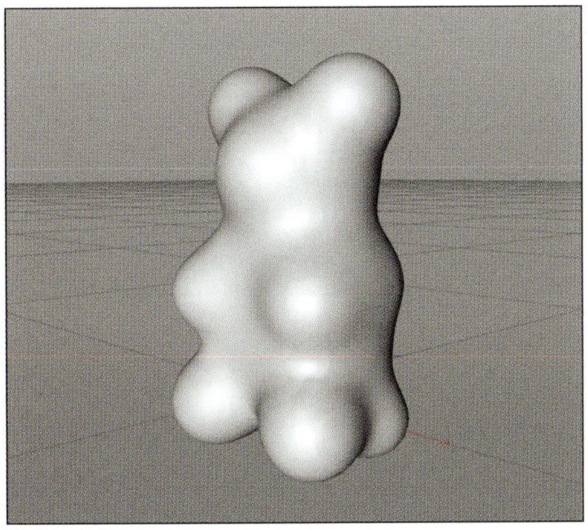

9 Rendern Sie nun das Gummibärchen durch Klick auf das Icon *Aktuelle Ansicht rendern*.

6.5.5 Material

Damit Objekte realitätsnah aussehen, muss jedem Objekt das passende Material zugewiesen werden. Je nach Objekt müssen Sie ggf. auch Eigenschaften, wie eine Transparenz oder auch eine spiegelnde Oberfläche, festlegen.

Wir werden nun dem in Abschnitt 6.4.2 erstellten USB-Stick beispielhaft Materialien zuweisen.

Making of …

1 Laden Sie für den USB-Stecker im Material-Manager z. B. das Material *Metal - Steel Anisotropy* **A**.

2 Der USB-Stick besteht nur aus einem Objekt, um dennoch den verschiedenen Teilen unterschiedliche Materialien zuweisen zu können, müssen Sie nun die Bereiche markieren, die ein metallisches Aussehen haben sollen. Aktivieren Sie hierzu in der linken Befehlspalette den *Polygone-bearbeiten-Modus* **B** und wählen Sie mit der Shift-Taste die notwendigen Flächen **C** aus.

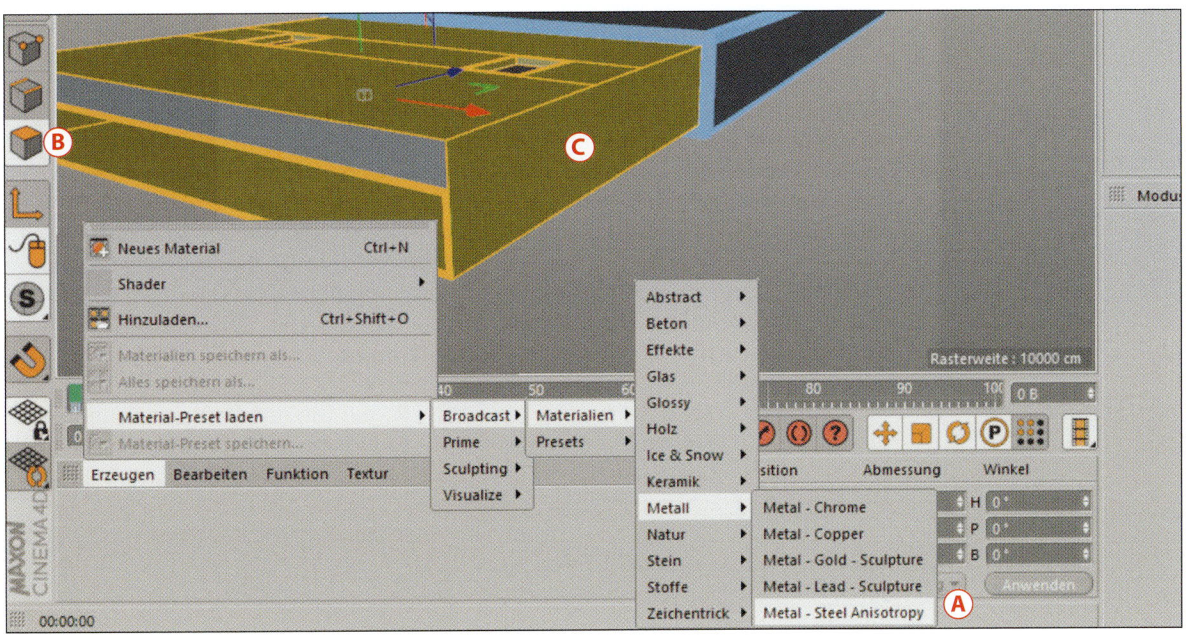

Falls Sie eine Fläche zu viel ausgewählt haben, können Sie diese mit der Strg- bzw. Ctrl-Taste wieder abwählen.

Material-Editor

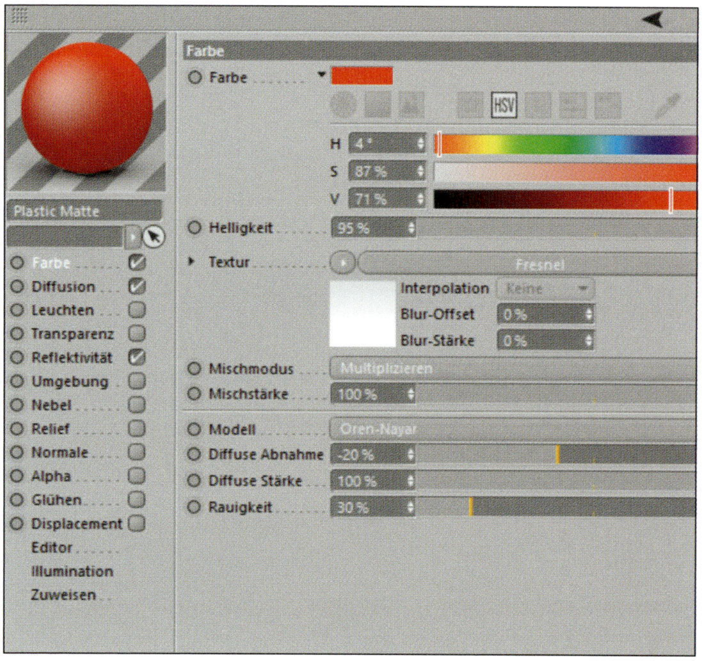

3 Sie können über einen Doppelklick auf die Materialkugel im Material-Editor Eigenschaften, wie z. B. die Farbe nach Bedarf anpassen und neue Eigenschaften hinzufügen.

4 Um ein Material einer Auswahl von Flächen zuzuweisen, ziehen Sie die Materialkugel auf eine der ausgewählten Flächen.

5 Laden Sie nun weitere Materialien und weisen Sie diese jeweils einer Auswahl von Flächen zu.

6 Rendern Sie nun den USB-Stick durch Klick auf das Icon *Aktuelle Ansicht rendern*.

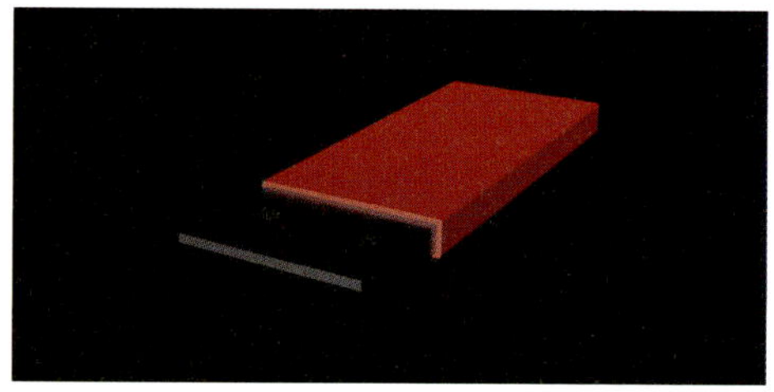

7 Das Ergebnis sieht vermutlich so ähnlich aus, wie oben abgebildet. Die metallische Oberfläche wirkt schwärzlich, da sich hier die schwarze Umgebung spiegelt. Bislang haben wir in unserer Szene schließlich weder einen Boden noch einen Himmel eingefügt.

6.5.6 Deformationsobjekte

Deformationsobjekte dienen zur Modellierung von bereits erstellten Objekten. Manche Deformationsobjekte haben eine zeitabhängige Wirkung und sind daher für Animationen gedacht.

Meist erklären sich die Deformationsobjekte über ihre Bezeichnung. Ein Deformationsobjekt kann wie jedes andere Objekt im Attribute-Manager bearbeitet werden und wird erst wirksam, wenn es im Objekt-Manager einem Objekt untergeordnet wird.

Wir werden nun das in Abschnitt 6.4.4 erstellte Gummibärchen beispielhaft explodieren lassen.

Making of …

1 Fügen Sie das Deformationsobjekt *Explosion* **B** ein und ordnen Sie dieses dem Objekt *Metaball* **A** unter.

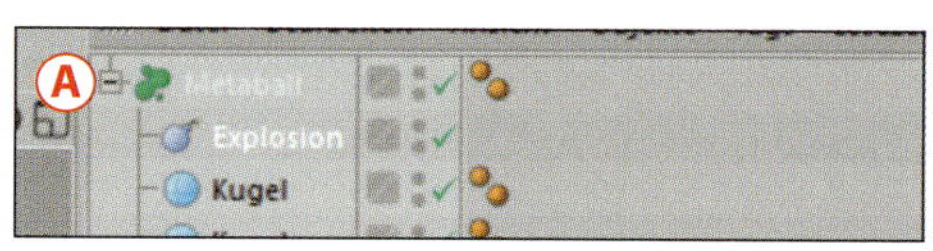

Deformationsobjekte

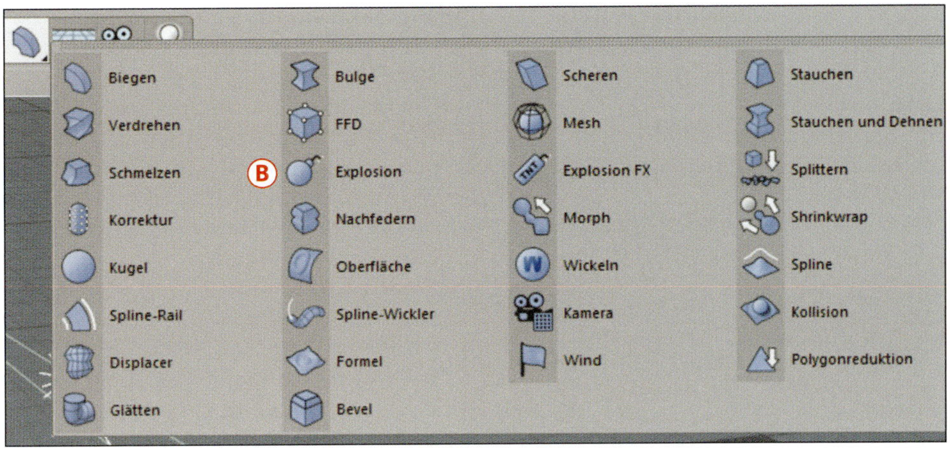

2 Ändern Sie im Attribute-Manager die *Stärke* **C** der Explosion beispielsweise von *0%* auf *5%*, um das Resultat der *Explosion* (siehe Abbildung unten) zu sehen.

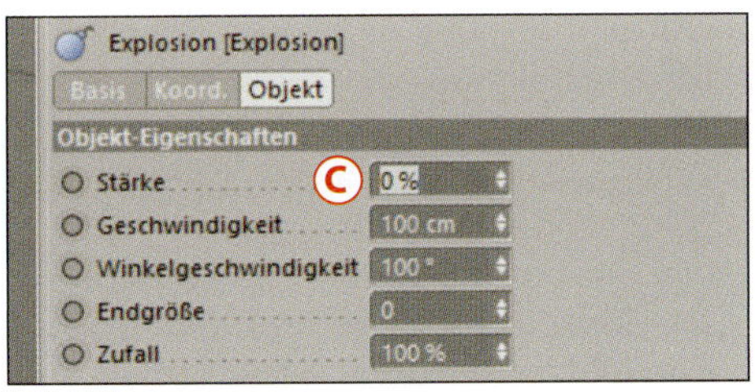

6.5.7 Szenenobjekte

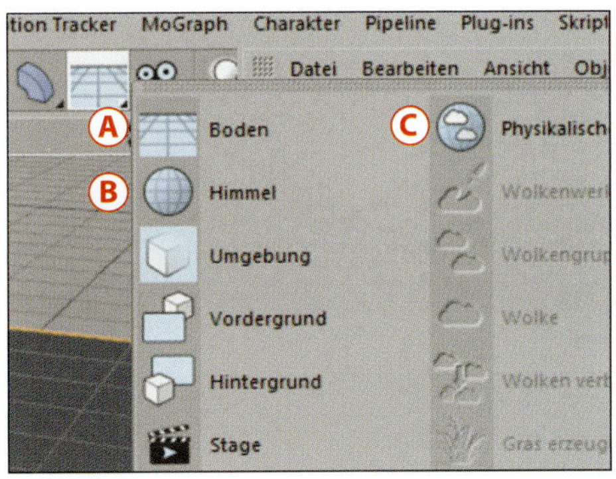

Himmel
Sie können wählen zwischen *Himmel* **B** und *Physikalischer Himmel* **C**. Der Unterschied besteht zunächst in der Farbe, das Objekt *Himmel* ist weiß, das Objekt *Physikalischer Himmel* ist blau. Beim Objekt *Physikalischer Himmel* können außerdem Wolken platziert werden, die sich dann z. B. in Objekten spiegeln können.

Boden
Hauptsächlich für den Schattenwurf wird das Objekt *Boden* **A** benötigt. Es hat die Eigenschaft, unendlich zu sein,

auch wenn das Objekt zunächst mit einer festen Größe dargestellt wird.

Licht

Für die Beleuchtung stehen unterschiedlichste Lichtquellen zur Verfügung, die Sie nach Bedarf einfügen und an Ihre Bedürfnisse anpassen können:

- *Licht* **D**
  Die Lichtquelle *Licht* funktioniert wie eine Glühbirne – sie strahlt Licht von einem Punkt ausgehend in alle Richtungen ab. Wichtig ist daher bei dieser Lichtquelle die Position der Lichtquelle im Raum.
- *Ziel-Lichtquelle* **E**
  Diese Lichtquelle strahlt Licht in einem Lichtkegel ab. Besonders ist bei dieser Lichtquelle das separate Zielobjekt der Lampe, das ein gezieltes Beleuchten eines Objektes erleichtert, da sich die Lichtquelle stets am Zielobjekt ausrichtet, egal wo sich die Lichtquelle befindet.
- *IES-Licht...* **F**
  Mit der Lichtquelle IES-Licht können Beleuchtungsdaten von Leuchtenherstellern nach Cinema 4D importiert werden, um real existierende Leuchten realitätsnah nachzubilden.
- *Sonnen-Lichtquelle* **G**
  Diese Lichtquelle leuchtet wie die echte Sonne aus der Distanz und erzeugt harte Schatten. Besonders an dieser Lichtquelle ist, dass sie Ort und Uhrzeit berücksichtigt und so die reale Welt imitiert.
- *Spot-Lichtquelle* **H**
  Ähnelt der *Ziel-Lichtquelle* **E**, hat jedoch kein separates Zielobjekt.
- *Flächen-Lichtquelle* **I**
  Ähnelt der Lichtquelle *Licht* **D**, strahlt das Licht jedoch von einem flächigen Ursprung, wie einem Monitor, aus und unterscheidet sich daher beim Schattenwurf und bei Spiegelungen.
- *Unendliche Lichtquelle* **J**
  Das Licht kommt aus unendlicher Entfernung, es hat keinen eigentlichen Ursprung, ist überall vorhanden. Entscheidend ist nur die Richtung des Lichtobjektes.

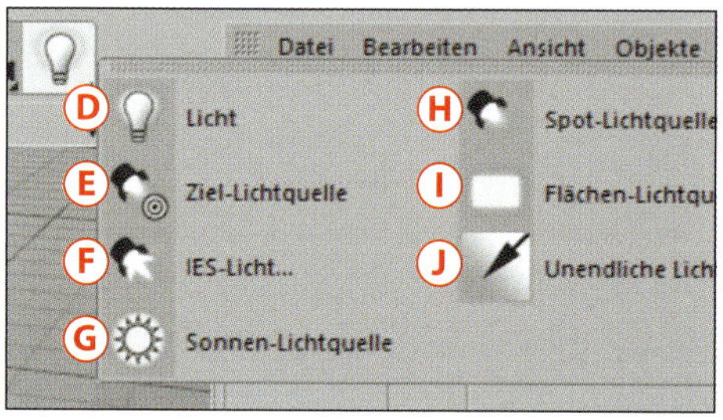

Lichtquelle
Licht **D**

Bei allen drei gezeigten Beleuchtungsbeispiele wurden außerdem die Szeneobjekte *Himmel* und *Boden* eingefügt.

Lichtquelle
Ziel-Lichtquelle **E**

Lichtquelle
Sonnen-Lichtquelle **G**

Kamera
Mit einem Kamera-Objekt können Sie einen bestimmten Blick auf die von Ihnen erzeugte Szene werfen. Mit einer Kamera kann auch eine Kamerafahrt

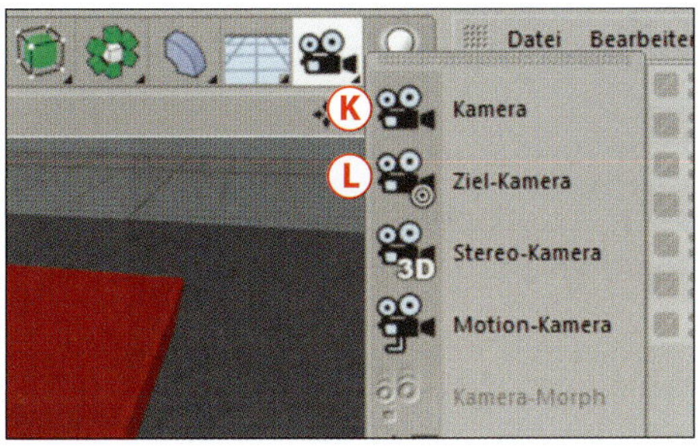

durch die Szene durchgeführt werden. Hier die zwei wichtigsten Kameras:

- *Kamera* **K**
  Eine Kamera, deren Blickfeld dem der aktuellen zentralperspektivischen Ansicht entspricht. Blickfeld, Brennweite usw. können verändert werden.
- *Ziel-Kamera* **L**
  Ähnelt der *Kamera* **K**, hat jedoch ein separates Zielobjekt, auf das die Kamera stets ausgerichtet ist, auch wenn sie von Ihnen bewegt wird.

Nach dem Einfügen eines Kamera-Objektes sehen Sie zunächst immer noch die jeweilige Ansicht, wie zuvor. Wenn Sie das Blickfeld der Kamera sehen möchten, müssen Sie in einer Ihrer Ansichten die Kamera von *Standardkamera* auf die von Ihnen eingefügte Kamera umschalten. Beispielhaft sehen Sie unten abgebildet die Szene mit einer *Ziel-Kamera* und darunter das Blickfeld der *Ziel-Kamera*.

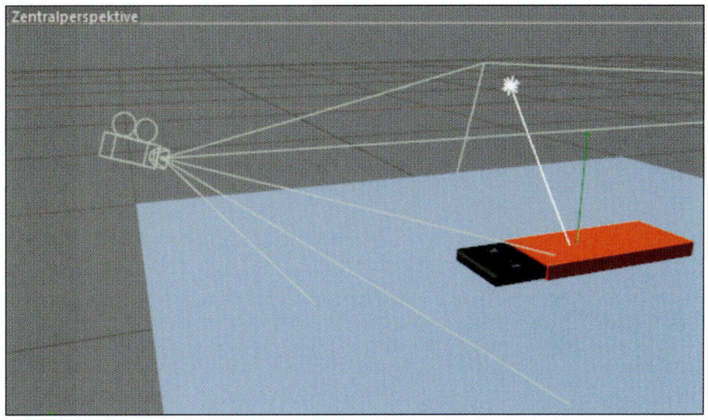

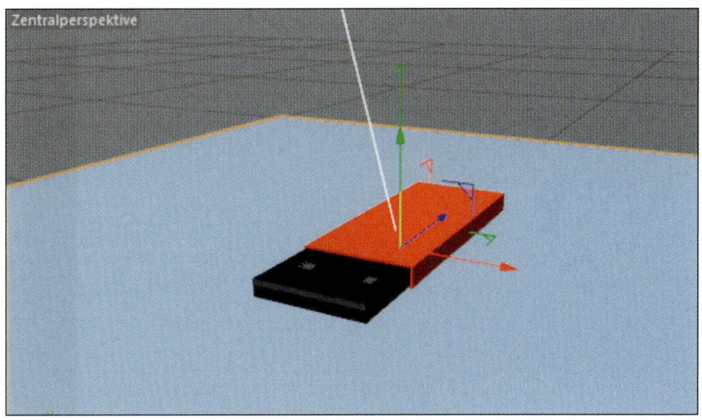

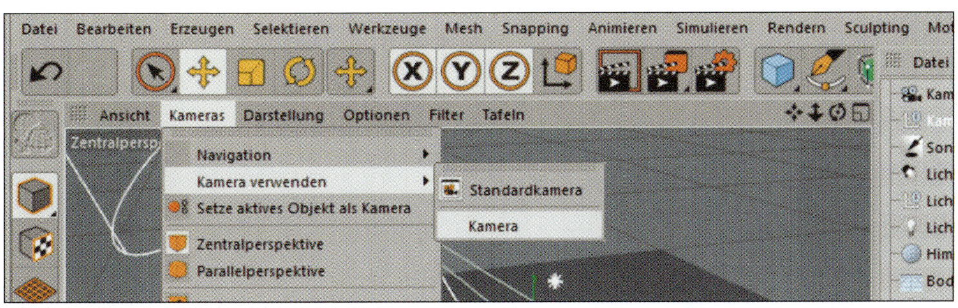

6.6 Aufgaben

1 Kriterien zur Einteilung von Grafiken nennen

Nennen Sie verschiedene Kriterien, nach denen Grafiken eingeteilt werden können.

2 Technischen Aufbau von Pixelgrafiken beschreiben

Beschreiben Sie den grundsätzlichen technischen Aufbau einer Pixelgrafik.

3 Formel zur Berechnung der Dateigröße nennen

Wie lautet die Formel zur Berechnung der Dateigröße einer Pixelgrafik?

4 Faktor zur Umrechnung nennen

Nennen Sie den Faktor zur Umrechnung von Byte in Kilobyte und geben Sie an, ob Sie mal oder geteilt rechnen müssen.

5 Faktor zur Umrechnung nennen

Nennen Sie den Faktor zur Umrechnung einer Auflösung von Dots per Inch (dpi) in Dots per Zentimeter (d/cm) und geben Sie an, ob Sie mal oder geteilt rechnen müssen.

6 Dateigröße berechnen

Von einer Pixelgrafik sind folgende Daten bekannt: 5616 x 3744 Pixel, CMYK, 32 Bit Farbtiefe. Es soll die Größe des unkomprimierten Bildes in Megabyte berechnet werden.

7 Dateigröße berechnen

Von einem Foto sind folgende Daten bekannt: 29,7 cm x 21 cm, 300 dpi, CMYK, 8 Bit Farbtiefe je Kanal. Es soll die Größe des unkomprimierten Bildes in Megabyte berechnet werden.

8 Pixelgrafiken speichern

In welchen Dateiformaten können Pixelgrafiken für den Druck bzw. das Internet gespeichert werden?

Druck:

Internet:

9 Vektorgrafiken speichern

In welchen Dateiformaten können Vektorgrafiken für den Druck bzw. das Internet gespeichert werden?

Druck:

Internet:

10 Begriffe eines Vektorpfades nennen

Beschriften Sie die abgebildete Grafik.

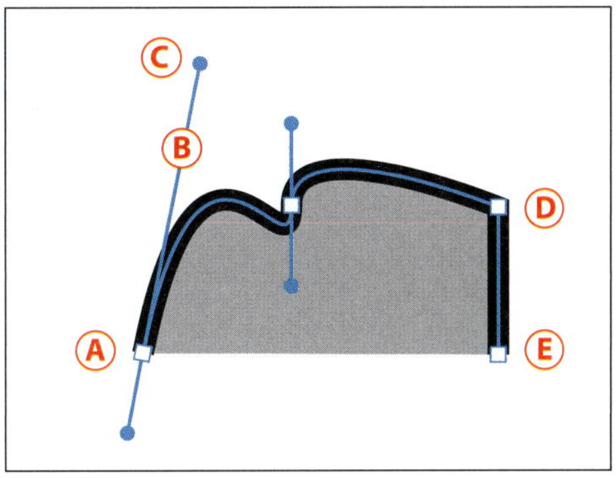

A:

B:

C:

D:

E:

11 SVG-Grafiken beschreiben

In welcher Skriptsprache werden SVG-Grafiken erstellt? Nennen Sie außerdem sinnvolle Einsatzbereiche für das Dateiformat SVG.

Skriptsprache:

Einsatzbereiche:

7.1 Lösungen

7.1.1 Einführung

1 Vor- und Nachteile der Kommunikation über Zeichen nennen

Vorteile:
- Ohne Sprache verständlich
- Platzersparnis für den Ersteller
- Zeitersparnis für den Nutzer

Nachteile:
- Ggf. international unterschiedliche Bedeutungen
- Bedeutung muss teilweise erst gelernt werden.

2 Zeichenkategorien erklären

Ikon: Das Zeichen ist ein Abbild der Bedeutung.
Index: Das Zeichen ist kein Abbild der Bedeutung, steht aber in Bezug dazu.
Symbol: Das Zeichen steht in keinem Bezug zur Bedeutung.

3 Piktogramm erklären

Einfaches, auf das Wesentliche reduziertes Zeichen zur nonverbalen Kommunikation von Informationen.

4 Zeichen zuordnen

a. Rolltreppe: Ikon
b. Durchgang verboten: Symbol
c. Toilette: Index
d. Garderobe: Index

5 Icon erklären

Grafisches Zeichen auf Benutzeroberflächen.

7.1.2 Piktogramm

1 Piktogrammbegriff erläutern

Piktogramme sind einfache, auf das Wesentliche reduzierte Zeichen. Sie müssen leicht erkennbar, einprägsam und ohne Erklärung verständlich sein.

2 Piktografiegeschichte beschreiben

Es bestand der Bedarf an einer international verständlichen Verkehrszeichensprache. Hierfür mussten eindeutige, klare Zeichen gefunden werden, die in allen Ländern gleiche Anwendung finden können.

3 Meilensteine bei der Entwicklung von Piktogrammen nennen

Die Olympischen Spiele waren für die Piktografieentwicklung prägend.
Zu den 1972 veranstalteten Olympischen Spielen in München wurde das bis dahin bekannte Piktogrammsystem weiterentwickelt und zu einem komplexen Leitsystem für Flughäfen, Bahnhöfe und Sportstätten ausgebaut.

4 Bedeutung Otl Aichers beschreiben

Otl Aicher hat seine Piktogramme nach strengen Regeln gestaltet: in einem Raster, festen Winkeln der Linien und alles streng geometrisch und einheitlich.

5 Piktogramme skizzieren

Aus der internationalen Norm ISO 7001:
a. Wasserspender:

b. Abflug:

6 Piktografiekategorien nennen

- Ikonische Piktogramme: Beruhen auf Abbildungen von Gegenständen oder Situationen.
- Symbolische Piktogramme: Verwenden Symbolzeichen, deren Bedeutung durch Konventionen festgelegt wurde.
- Hybride Piktogramme: Mischform aus ikonischen und symbolischen Piktogrammen.

7 Piktografiekategorien zuordnen

a. Ticketschalter: Ikonisch
b. Kein Zutritt: Symbolisch
c. Autovermietung: Hybrid
d. Taxi: Ikonisch

8 Gestaltungsanforderungen moderner Piktogramme beschreiben

- Gleicher Aufbau
- Gleiche Größendarstellung
- Einheitliche, einfache Figurenausprägung
- Klare Bildaussage
- Logische und allgemein übliche Farbverwendung
- Kulturkreisunabhängig
- International lesbar und verständlich

9 Normierungen für Piktogramme nennen

- DIN EN ISO 7010: Sicherheitskennzeichnung
- ANSI Z 535 (American National Standards Institute): Sicherheitsfarben, Sicherheitszeichen und Richtlinien zur Technischen Dokumentation

7.1.3 Icon

1 Entwicklung vom Piktogramm zum Icon beschreiben

Die „Erfindung" des Computers mit einer grafischen Benutzeroberfläche hat Piktogramme hervorgebracht, die als Icons bezeichnet werden.

2 Begriff „Icon" erklären

Der englische Begriff „Icon" bezeichnet ein Piktogramm auf einer Benutzeroberfläche.

3 Gestaltungskriterien für Icons aufzählen

- Schnelle und eindeutige Erkennbarkeit
- Unabhängig von Sprache und Kultur
- Geringer Platzbedarf auf der Benutzeroberfläche
- Alle Icons einer Anwendung sollten einheitlich und unverwechselbar gestaltet sein.
- Standards müssen beachtet werden.

4 Entwurf von Icons beschreiben

- Nutzung und Zweck definieren
- Zielgruppe beschreiben und Vorkenntnisse berücksichtigen
- Ideen sammeln
- Icon skizzieren
- Skizze bei Vertretern der Zielgruppe testen
- Icon mit geeignetem Programm erstellen

5 Norm EN ISO 9241-110 beschreiben

Die Norm legt Regeln fest, nach denen interaktive Systeme an der Schnittstelle Mensch – Maschine kommunizieren sollen.

6 Regeln für die Gestaltung interaktiver Systeme nennen

Sieben Grundsätze:

- Aufgabenangemessenheit
- Selbstbeschreibungsfähigkeit
- Lernförderlichkeit
- Steuerbarkeit
- Erwartungskonformität
- Individualisierbarkeit
- Fehlertoleranz

7 Begriff „Usability" erklären

Der Begriff setzt sich aus den zwei englischen Wörtern „to use" (benutzen) und „the ability" (die Fähigkeit) zusammen. Übersetzt wird der Begriff mit „Bedienbarkeit", „Gebrauchstauglichkeit" oder „Benutzerfreundlichkeit".

8 Bedeutung von Icons erklären

Gut gestaltete Icons unterstützen die Brauchbarkeit eines elektronischen Systems. Ist ein System gebrauchstauglich gestaltet, führt dies zu einer hohen Kundenzufriedenheit, vor allem, wenn auch Funktion, Sicherheit, Bild und Grafik des Gesamtsystems optimal aufeinander abgestimmt sind.

9 Icons skizzieren

Beispiel aus macOS:

7.1.4 Logo und Signet

1 Logotypen nennen

- Bildzeichen (Signet)
- Wortzeichen
- Buchstabenzeichen
- Zahlenzeichen
- Kombiniertes Zeichen

2 Begriff „Logo" erklären

Ein Logo kann aus Buchstaben, Zahlen, Bild oder einer Kombination aus diesen Elementen bestehen. Bei vielen Logos steht ein figürliches Element im Vordergrund, da dieses für den Betrachter sehr einprägsam ist.
Beispiele für bekannte Logos sind die Logos der Unternehmen Coca-Cola, McDonald's, Nike, Apple, Google und Mercedes-Benz.

3 Begriff „Signet" erklären

Ein Signet ist ein reines Bildzeichen, das auch Bildmarke genannt wird. Es ist ein abstraktes Zeichen, das versucht, einen visuellen Bezug zu einem Unternehmen herzustellen.

4 Logotypen erklären

Ein „Wortzeichen" besteht ausschließlich aus Typografie, das „Buchstabenzeichen" nur aus Einzelbuchstaben ohne Sinngehalt und das „Zahlenzeichen" besteht nur aus Zahlen.

5 Begriff „Wort-Bild-Marke" erklären

Eine „Wort-Bild-Marke" ist eine Kombination aus Bild- und Schriftzeichen und ist der häufigste Typ eines Unternehmenslogos.

6 Logofunktionen beschreiben

Ein Logo weist immer eine Identifikations- und eine Kommunikationsfunktion auf. Um diesen Funktionen gerecht zu werden, muss ein Logo eine klare Abgrenzungs- und Unterscheidungsfunktion zu anderen Logos und damit zu anderen Unternehmen aufweisen. Logos müssen im Gedächtnis der Konsumenten haften bleiben und weitgehend unbewusst gespeichert werden.

7 Logofunktionen beschreiben

Für ein Unternehmen ist das Vorhandensein eines Logos Voraussetzung, um als Marke wahrgenommen zu werden. Über das Image einer Marke findet auch ein Wertetransfer auf die Produkte des Unternehmens statt. So wird bei einer Marke, die für Qualität steht, von den Konsumenten erwartet, dass deren Produkte auch tatsächlich qualitativ hochwertig sind. Im Idealfall visualisiert das Logo eines Unternehmens die Produkte bzw. Dienstleistungen so, dass der Kunde die Firma thematisch einordnen kann.

8 Begriff „Schutzzone" erklären

Um eine optimale Wirkung eines Logos zu gewährleisten, ist ein Logo von einer Schutzzone umgeben. Innerhalb dieser Zone dürfen keine weiteren grafischen Elemente oder Schriftzeichen platziert werden.

9 Aufbaumöglichkeiten von Logos nennen

Bei kombinierten Zeichen gibt es verschiedene Möglichkeiten, Bild- und Wortzeichen anzuordnen.

- *Lok-Prinzip*: Das Bildzeichen steht vor dem Wortzeichen. So zieht das Bildzeichen das Wortzeichen wie eine Lokomotive.
- *Schub-Prinzip*: Das Bildzeichen steht hinter dem Wortzeichen. Das Bildzeichen schiebt das Wortzeichen.
- *Star-Prinzip*: Das Bildzeichen leuchtet wie ein Stern (meist zentriert) über dem Wortzeichen.
- *Anker-Prinzip*: Das Bildzeichen hängt (meist zentriert) unter dem Wortzeichen.
- *Triebwagen-Prinzip*: Das Bildzeichen steht innerhalb des Wortzeichens. Dabei sollte das Wortzeichen möglichst in sinnvolle Teile „zerlegt" werden.

10 Begriff „Relaunch" erklären

Ein „Relaunch" ist die gestalterische Überarbeitung eines Logos, wobei der Wiedererkennungswert unbedingt erhalten bleiben muss.

11 Morphologische Matrix beschreiben

Zuerst werden Parameter festgelegt, die die Merkmale des Problemfeldes benennen, diese werden untereinander, als Zeilentitel, geschrieben. Dann werden alle möglichen Ausprägungen der gewählten Merkmale rechts daneben in die Zeilen geschrieben. So entsteht eine Matrix, in der jede Kombination von Ausprägungen aller Merkmale eine theoretisch mögliche Lösung ist.

12 Morphologische Matrix anwenden

Auf Seite 38 oben ist eine ausgefüllte morphologische Matrix für einen Friseursalon abgebildet.

13 Brainstorming erläutern

a. Ideenfindung und Problemlösung
b. Regeln:
   - Alle Ideen sind erlaubt.
   - Kritik und Wertung sind verboten.
   - Kommentare sind verboten.
   - Jede Idee ist eine Leistung der
   - Gruppe.

14 6-3-5-Methode erläutern

Der Leiter des Brainwritings bereitet Formblätter mit der Fragestellung vor. 6 Teilnehmer schreiben 3 Lösungsvorschläge in 5 Minuten auf ein Formblatt. Danach gibt jeder sein Formblatt an seinen Nachbarn weiter. Dieser entwickelt die Idee weiter oder schreibt eine völlig neue Idee auf.

7.1.5 Infografik

1 Infografiktypen nennen

- Torten- bzw. Kreisdiagramm
- Balkendiagramm
- Säulen- bzw. Stabdiagramm
- Kurven-, Flächen- bzw. Liniendiagramm
- Punkt- bzw. Streudiagramm

2 Infografik anwenden

Für die Darstellung der Entwicklung des Aktienkurses eignen sich Kurven-, Flächen- bzw. Liniendiagramme.

3 Infografik anwenden

Für die Darstellung von Umfrageergebnissen eignen sich:
- Balkendiagramm
- Säulen- bzw. Stabdiagramm

4 Infografik anwenden

Für die Darstellung von Umfrageergebnissen, bei denen die Antworten „Ja", „Nein" und „Keine Antwort" möglich sind, eignen sich Torten- bzw. Kreisdiagramme.

5 Isotype-Grafik erläutern

In Isotype-Grafiken werden Mengen durch gegenständliche Symbole veranschaulicht. Dabei ändert sich nur selten die Größe der Symbole, sondern meist deren Anzahl.

6 Infografik anwenden

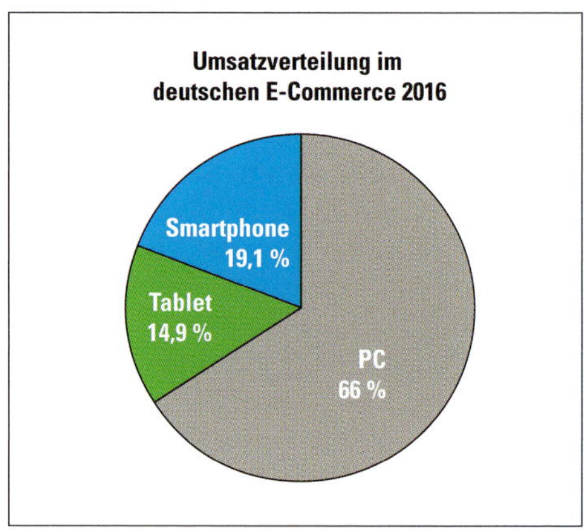

7 Gestaltungsregeln zur Herstellung von interaktiven Infografiken nennen

- Jede Infografik braucht eine Überschrift.
- Nicht zu viele interaktive und multimediale Medienelemente
- Bei Mengendarstellungen müssen Verhältnisse gewahrt bleiben.
- Klare und eindeutige Navigation
- Elemente mit gleichen oder ähnlichen Funktionen sollten vergleichbare Eigenschaften aufweisen.
- Elemente, die ein geschlossenes Bild ergeben, werden gesamtheitlich wahrgenommen.
- Elemente, die nahe beieinander liegen, werden zueinander in Beziehung gesetzt.
- Datenquelle muss angegeben werden.
- Interaktive Medien sollten durch den Nutzer selbst gesteuert werden können. Bei Sounds oder Videos muss die Eigenregie, also die Selbststeuerung, möglich sein.

8 Infografik anwenden

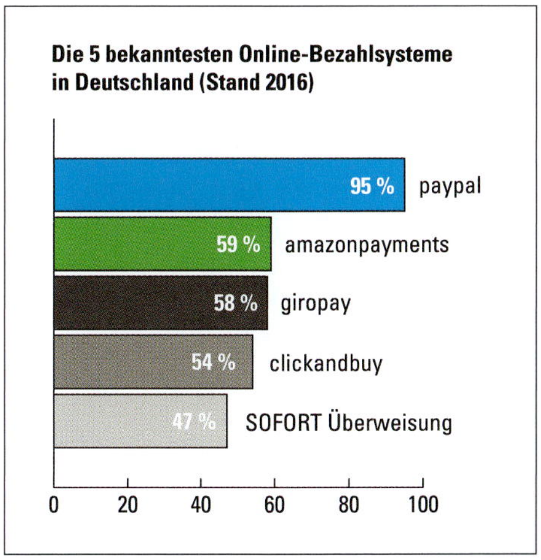

9 Unterschiede von Infografiken in Print- und Digitalmedien aufzeigen

Printmedien:
- Es steht mehr Platz zur Verfügung.
- Es sind mehr Erklärungen in Textform möglich.
- Die Gesamtübersicht bei komplexen Infografiken ist leichter zu realisieren.

Digitalmedien:
- Bilder können nacheinander gezeigt werden.
- Ton und Animation können genutzt werden.

7.1.6 Grafikerstellung

1 Kriterien zur Einteilung von Grafiken nennen

- Pixel- oder Vektorgrafik
- 2D oder 3D (Dimension)
- Dateiformat
- Print- oder Webgrafik
- Verwendungszweck, z. B. Logo, Icon oder Infografik
- Statisch oder animiert

2 Technischen Aufbau von Pixelgrafiken beschreiben

Pixelgrafiken sind wie digitale Fotografien aus vielen einzelnen Bildelementen (Pixel) zusammengesetzt. Pixel haben keine geometrische Größe.

3 Formel zur Berechnung der Dateigröße nennen

Dateigrößenberechnung π

Mit Pixelangaben:

$$D = B_{px} * H_{px} * F$$

Mit Angaben zur Auflösung:

$$D = B_{cm} * A * H_{cm} * A * F$$

D: Datenmenge

B_{px}: Breite in Pixel

H_{px}: Höhe in Pixel

B_{cm}: Breite in cm

H_{cm}: Höhe in cm

A: Auflösung in d/cm

F: Farbtiefe in Bit

4 Faktor zur Umrechnung nennen

Man muss durch die Zahl 1024 teilen.

5 Faktor zur Umrechnung nennen

Man muss durch die Zahl 2,54 teilen.

6 Dateigröße berechnen

D = 5616 x 3744 x 32 Bit
= 672 841 728 Bit | : 8
= 84 105 216 Byte | : 1024
= 82 134 KB | : 1024
= 80,21 MB

7 Dateigröße berechnen

A = 300 dpi | : 2,54
A = 118,11 d/cm

D = 29,7 cm x 118,11 d/cm x 21 cm x 118,11 d/cm x 4 x 8 Bit
= 278 419 123,16 Bit | : 8
= 34 802 390,40 Byte | : 1024
= 33 986,71 KB | : 1024
= 33,19 MB

8 Pixelgrafiken speichern

Druck: TIF
Internet: JPG, GIF, PNG

9 Vektorgrafiken speichern

Druck: EPS
Internet: SVG, JPG (Pixelformat), GIF (Pixelformat), PNG (Pixelformat)

10 Begriffe eines Vektorpfades nennen

A Startpunkt, Ankerpunkt
B Grifflinie
C Griffpunkt
D Eckpunkt, Ankerpunkt
E Endpunkt, Ankerpunkt

11 SVG-Grafiken beschreiben

SVG-Grafiken werden durch XML-Code erzeugt. Sinnvolle Einsatzbereiche sind:

- Logo/Signet
- Infografik
- Statische und animierte Grafiken
- Animiertes Lade-Icon

7.2 Links und Literatur

Links

Designtagebuch – Fachblog für Kommunikationsdesign, Corporate Design und digitale Medien
www.designtagebuch.de

Logopogo – Portal für Logodesign
www.logo-pogo.de

Logok – Logoarchiv (auf Englisch)
logok.org

Maxon – Einsatzbeispiele für Cinema 4D
www.maxon.net/de/customer-stories

Statista – Infografiken, viele als Creative Commons
de.statista.com

Zeit Online – Aufwändig erstellte Infografiken zu bestimmten Themenbereichen
www.zeit.de/serie/wissen-in-bildern

Literatur

John R. Anderson
Kognitive Psychologie
Spektrum Akademischer Verlag 1996
ISBN 3-860-25354-0

Joachim Böhringer et al.
Kompendium der Mediengestaltung
I. Konzeption und Gestaltung
Springer Vieweg 2014
ISBN 978-3-642-54580-1

Joachim Böhringer et al.
Kompendium der Mediengestaltung
II. Medientechnik
Springer Vieweg 2014
ISBN 978-3-642-54584-9

Markus Rathgeb
Otl Aicher
Phaidon Press Limited 2006
ISBN 0-714-84396-4

Bernd Weidenmann
Lernen mit Bildmedien – Mit den Augen lernen
Beltz Weiterbildung 1994
ISBN 3-407-36015-1

7.3 Abbildungen

S2, 1a: commons.wikimedia.org, „NicP for Tauchreisen Nautilus One" (Zugriff: 06.05.16)
S2, 1b: Plakat mit Baderegeln der Stadtwerke München
S2, 2a: commons.wikimedia.org, „Andreas 06 and Mediatus" (Zugriff: 06.05.16)
S2, 2b: Autoren
S3, 1a, b, c: www.aiga.org/symbol-signs (Zugriff: 06.05.16)
S4, 1a: www.aiga.org/symbol-signs (Zugriff: 06.05.16)
S4, 1b: Icon für Kindersicherung in macOS
S4, 1c: Mini
S5, 1, 2, 3, 4: www.aiga.org/symbol-signs/ (Zugriff: 06.05.16)
S6, 1: Autoren
S7, 1: Tuschezeichnung auf Karton, Werner Graeff
S7, 2: www.gerdarntz.org/isotype (Zugriff: 07.05.16)
S8, 1: www.geheugenvannederland.nl/?/en/items/GMDH02xxCOLONxx50003 (Zugriff: 07.05.16)
S8, 2: www.geheugenvannederland.nl/?/en/items/GMDH02xxCOLONxx50097 (Zugriff: 07.05.16)
S9, 1a, 1b, 2a, 2b, 3a, 3b: olympic.org (Zugriff: 08.05.16)
S10, 1: Markus Rathgeb: Otl Aicher, Phaidon Press Limited, 2006
S11, 1a: Sparkasse
S11, 1b: www.aiga.org/symbol-signs (Zugriff: 08.05.16)
S12, 1: Emojis in WhatsApp (Android)
S12, 2: www.kemmlit.de/de/sanitaereinrichtungen/sanitaerzubehoer/wc-schilder-piktogramme/piktogrammserie-bino.html (Zugriff: 08.05.16)
S12, 3: icons.anatom5.de (Zugriff: 08.05.16)
S13, 1: www.aiga.org/symbol-signs (Zugriff: 08.05.16)
S14, 1: de.wikipedia.org/wiki/Bildtafel_der_Verkehrszeichen_in_der_Bundesrepublik_Deutschland_seit_2013 (Zugriff: 08.05.16)
S14, 2: de.wikipedia.org/wiki/Sicherheitskennzeichen (Zugriff: 08.05.16)
S14, 3a: www.seton.ca/ansi-z535-safety-sign-danger-keep-hands-and-fingers-away-70353.html (Zugriff: 08.05.16)
S14, 3b: www.seton.ca/ansi-z535-safety-sign-caution-hard-hat-and-safety-glasses-required-in-this-area-89092.html (Zugriff: 08.05.16)
S14, 3c: www.seton.ca/ansi-z535-safety-signs-danger-no-smoking-no-open-flames-s1604.html (Zugriff: 08.05.16)
S14, 3d: www.seton.ca/ansi-z535-safety-signs-danger-electrical-hazard-do-not-touch-s1881.html (Zugriff: 08.05.16)
S16, 1-4: www.aiga.org/symbol-signs (Zugriff: 24.05.16)
S18, 1a: de.wikipedia.org/wiki/Amiga_500 (Zugriff: 25.05.16)
S18, 1b: Autoren
S19, 1: Autoren
S19, 2: https://www.iconfinder.com (Zugriff: 12.09.13)
S20, 1: macOS
S21, 1, 2: macOS
S22, 1: Indesign CC
S22, 2: Office 2016
S23, 1a: iOS 9
S23, 1b: Android 6
S26, 1: Daimler AG, Stuttgart
S27, 1: Logos der jeweiligen Unternehmen, Collage: Autoren
S29, 1, 2, 3, 4: Logos der jeweiligen Unternehmen
S30, 1: Logos der jeweiligen Unternehmen
S31, 1: Logos der jeweiligen Unternehmen der Dachmarke TUI
S32, 1: Logos der ARD und deren Fernsehsendern
S32, 2: Logofamilie Stiftung Warentest
S33, 1: Autoren
S33, 1, 2: Autoren
S35, 1, 2: Logos der jeweiligen Unternehmen
S36, 1, 2: Logos der jeweiligen Unternehmen
S39, 1: Autoren
S44, 1: de.wikipedia.org/wiki/Charles_Joseph_Minard (Zugriff: 23.06.16)

S45, 1: www.geheugenvannederland.nl/?/en/items/GMDH02xxCOLONxx50004 (Zugriff: 23.06.16)
S46, 1: Welt am Sonntag, 15.09.13
S46, 2: Südkurier, 20.09.13
S47, 1: nach: Bernd Weidenmann: Lernen mit Bildmedien – Mit den Augen lernen, Beltz Weiterbildung, 1991.
S47, 2: www.presseportal.de/pm/119207/3229941 (Zugriff: 24.06.16)
S48, 1: Süddeutsche Zeitung, 02.06.16
S48, 2: www.zeit.de/2015/39/fahrrad-verkehr-fakten-grafik (Zugriff: 24.06.16)
S49, 1: Südkurier, 16.06.2016
S49, 2: Süddeutsche Zeitung, 25.06.16
S50, 1: de.statista.com/infografik/4115/feinstaubbelastung-in-peking-in-mikrogramm-pro-kubikmeter (Zugriff: 24.06.16)
S50, 2: Südkurier, 06.08.13
S51, 1: www.zeit.de/2015/07/anbauflaeche-deutschland-landwirtschaft-gebaeude (Zugriff: 24.06.16)
S52, 1: IKEA: Anleitung Nachttischlampe Blinda
S52, 2: www.zeit.de/2011/27/IG-Smartphone (Zugriff: 24.06.16)
S53, 1: Autoren
S53, 2: www.zeit.de/2010/11/GSP-Strassen-Schaeden (Zugriff: 24.06.16)
S54, 1: Südkurier, 17.08.13
S55,1: www.zeit.de/2011/05/IG-Kaffee (Zugriff: 24.06.16)
S55, 2: www.zeit.de/2009/51/GSP-Schokolade (Zugriff: 24.06.16)
S57, 1: www.br.de/nachrichten/wahlrecht-124.html, Beitrag von: Lydia Gamig & Jürgen P. Lang (Zugriff: 27.06.16)
S57, 2: https://britishmuseum.withgoogle.com (Zugriff: 27.06.16)
S58, 1, 2: Autoren
S59, 1, 2: Autoren
S62, 1: www.audi.de/de/brand/de/vorsprung_durch_technik/content/2016/04/Audi_A3.html (Zugriff: 21.07.16)
S62, 2: www.maxon.net/uploads/pics/02055_02056_2_I_01.jpg (Zugriff: 21.07.16)
S62, 3: Autoren
S63, 1: Autoren
S64, 1: Autoren
S65, 1-3: Autoren
S66, 1-4: Autoren
S67, 1: Adobe Illustrator CC, Version 2015.3.0
S68, 1: Autoren
S71, 1: Autoren
S73, 1-4: Autoren
S74, 1, 2a, 2b, 3a, 3b: Autoren
S76, 1: Autoren
S79, 1a, 1b, 2, 3a, 3b: Autoren
S80, 1-4: Autoren
S81, 1, 2: Autoren
S82, 1a, 1b: Autoren
S83, 1, 2: Autoren
S84, 1: Autoren
S85, 1: Autoren
S86, 1-3: Autoren
S87, 1a, 1b, 2: Autoren
S91, 1, 2: www.aiga.org/symbol-signs (Zugriff: 24.05.16)
S92, 1: macOS
S95, 1, 2: Autoren

7.4 Index